W0318583

Schirner Verlag

Der Autor

Meister Hsing Yun wurde im Alter von fünfzehn Jahren im Chi Xia Shan-Kloster in Jiangsu, China, ordiniert und verbrachte über fünfzig Jahre seines Lebens damit, das Dharma zu lehren. Er gründete das Kloster Fo Guang Shan in Taiwan sowie die Buddha‘s Light International Association, eine weltweit arbeitende Organisation, die sich der Verbreitung des Buddhismus widmet. Meister Hsing Yun ist der 48. Patriarch in der Linchi-Schule des Zen-Buddhismus und Autor zahlreicher Bücher sowie Essays zum Thema Buddhismus.

Das Buch

Ziel dieses Buches ist, Sie einzuladen, darüber nachzudenken, was es bedeutet, ein wahrhaftiges Leben zu führen. Dafür gibt Meister Hsing Yun praktische Ratschläge, die auf der buddhistischen Lehre, dem Dharma, beruhen. In jedem der dreiunddreißig Kapitel behandelt er ein spezielles Thema aus den Bereichen Moral und Ethik, wobei er Zitate aus buddhistischen Lehrbüchern, den Sutras, einsetzt, von denen ausgehend er seine Erläuterungen führt. Die Kapitel beschäftigen sich jeweils mit einem Schwerpunktthema und sind in sich abgeschlossen, so daß jedes für sich gelesen werden kann – wann immer Sie sich also mit einem der angesprochenen Themen auseinandersetzen, können Sie also gezielt ein Kapitel herausgreifen und sich beraten lassen.

Meister Hsing Yun

Wahrhaftig Leben

Buddhistische Ethik im Alltag

nach einer Übersetzung aus
dem Chinesischen von
Tom Graham

aus dem Amerikanischen von
Samida Steurer

Schirner Verlag

ISBN 3-930944-98-7

© 1998 by Master Hsing Yun, translated by Tom Graham
Originaltitel: Being Good

© 2000 für die deutschsprachige Ausgabe:
Schirner Verlag, Darmstadt
Erste Auflage

Alle Rechte der Verbreitung im deutschen Sprachraum vorbehalten.

Umschlag:. Murat Karaçay
Satz und Redaktion: Kirsten Glück
Druck und Bindung: Reyhani Druck + Verlag, Darmstadt

Printed in Germany

Inhaltsverzeichnis

*Alle mit * gekennzeichneten Begriffe finden Sie im Glossar ab Seite 217 erläutert.*

Kapitel 1

Die Acht Winde

Gewinn und Verlust, Ruhm und Schande,
Lob und Tadel, Leiden und Freude;
all dies ist vergänglich, warum sollte also
irgendeines dieser Dinge Befriedigung
oder Unzufriedenheit erzeugen?
- aus dem Mahasanghika Vinaya

Die „Acht Winde" sind die acht Erfahrungen, wie sie in den ersten beiden Zeilen oben beschrieben werden. Buddha lehrte, daß diese acht Erfahrungen natürlicher Bestandteil des Lebens sind. Wir alle werden sie in vielen Leben unzählige Male machen. Buddha lehrte auch, daß wir uns von keinem der Acht Winde vom Weg abbringen lassen sollten. Statt dessen sollten wir sie als vorübergehende Zustände betrachten, die uns Gelegenheit bieten, etwas Neues zu lernen. Solange uns noch irgendeine dieser Erfahrungen übermäßig beschäftigt, können wir sicher sein, daß wir noch etwas zu lernen haben.

Wenn wir uns nicht die Zeit nehmen und jeden der Acht Winde aufmerksam prüfen, so werden wir geneigt sein zu glauben, daß Gewinn, Ruhm, Lob und Freude besser sind als Verlust, Demütigung, Tadel und Leid. Diese Neigung ist ein sehr guter Anhaltspunkt dafür, um zu erkennen, inwieweit wir an das Trugbild des abgespaltenen Selbst** glauben.

**(abgespalten bedeutet in diesem Zusammenhang stets, nicht Teil des großen ganzen Einen zu sein – Anm. d. V.)

Das höchste Ziel des Buddhismus ist die vollkommene Weisheit der uns innewohnenden Buddha-Natur* voll und ganz zur Erleuchtung zu bringen. Diese Weisheit geht über jegliche Illusion eines Selbst hinaus. In der Vergangenheit erlangten Buddhisten viele Male diesen Zustand, und es gibt keinen Grund, warum dies nicht auch heutzutage viele von uns erreichen können. Die Vergänglichkeit und die essentielle Gleichheit jedes einzelnen der Acht Winde zu betrachten, ist eine sehr gute Vorgehensweise, um das Trugbild des Ich-bezogenen Selbst zu durchschauen und darüber hinauszuwachsen.

Die in den Acht Winden erwähnte „Freude“ ist samsarische* Freude – die vergängliche Freude der Welt der Erscheinungen und nicht die Freude, die ein Wesensteil des erleuchteten Geistes ist. Prüfe die Acht Winde: Ist Ruhm wirklich so wundervoll? Ist Gewinn alles, was wir vom Leben wollen? Ist Lob immer gut für uns? Eine gründliche Analyse jeglicher Form von Verlust wird uns immer auf eine höhere Ebene der Weisheit führen. Würden wir wirklich dazu angeregt, die dem Leben eigene Vergänglichkeit wahrzunehmen, wenn immer alles so funktionieren würde, wie wir es wollen? Die Acht Winde sind Winde: Sie kommen und gehen. Sie ändern sich wie das Wetter. Das Morgen wird immer anders sein als das Heute.

Es gibt ein chinesisches Werk mit dem Titel UNTERWEISUNGEN BEZÜGLICH DES KÖNIGLICHEN SAMADHI* DER KONTEMPLATION VON BUDDHA. Dieser Text enthält ausgezeichnete Ratschläge, wie wir gleichmütig und ausgeglichen bleiben können, egal woher der Wind gerade weht. Er lehrt uns, unseren Lebensumständen und Erfahrungen auf den Grund zu gehen, um den größtmöglichen Nutzen daraus zu ziehen. Diese Arbeit hat folgende zehn Punkte zum Inhalt:

1. *Hinsichtlich des Körpers*: Bitte nicht darum, frei von aller Krankheit zu sein, denn ist der Körper frei von Krankheit, kommt leicht

Begierde auf. Ist Begierde einmal erwacht, sind Grundsätze bald gebrochen und Fortschritt wird zu Rückschritt.

2. *Hinsichtlich des Umgangs mit weltlichen Angelegenheiten*: Bitte nicht darum, daß jegliche Pflicht eine leichte sei, denn gehen die Dinge zu einfach, entwickelt der Geist bald Hochmut. Ist Hochmut einmal im Geiste geboren, wird man schnell leichtfertig und hinterlistig.
3. *Hinsichtlich des Denkens*: Bitte nicht darum, daß dein Denken immer unbehindert sei, denn Denken ohne Hemmnisse wird schnell erregt und ungenau. Ist das Denken einmal erregt und ungenau, läßt man sich leicht täuschen und wird glauben, das Falsche sei richtig und das Richtige sei falsch.
4. *Hinsichtlich des Ausübens des Buddhismus*: Bitte nicht darum, niemals auf die Probe gestellt zu werden, denn wird man niemals geprüft, werden Gelöbnisse nicht beständig sein. Haben Gelöbnisse keine Beständigkeit, neigt man leicht zu dem Glauben, etwas erreicht zu haben, das man nicht erreicht hat.
5. *Hinsichtlich des Pläneschmiedens*: Bitte nicht darum, daß sie immer leicht zu machen sind, denn sind Pläne immer einfach zu entwerfen, wird der Wille schwach und unwirksam. Ist der Wille schwach und unwirksam, verfällt man leicht dem Glauben, die eigenen Fähigkeiten seien geringer, als sie es tatsächlich sind.
6. *Hinsichtlich der Freundschaft*: Bitte nicht darum, daß sich immer alles nach dir richtet, denn setzt man ständig seinen Willen durch, verliert man bald den Sinn für Richtig und Falsch. Verliert man den Sinn für Richtig und Falsch, neigt man leicht dazu, anderen die Schuld zu geben für alles, was schiefgeht.
7. *Hinsichtlich der Menschen*: Bitte nicht darum, daß andere immer deinem Beispiel folgen mögen, denn wenn andere einem immer folgen, wird man schnell hochmütig. Ist man hochmütig geworden, klammert man sich fest an die Fesseln des Selbst.

8. *Hinsichtlich der Ethik*: Bitte nicht darum, für gutes ethisches Verhalten belohnt zu werden, denn wird man für tugendhaftes Verhalten ständig belohnt, wird man leicht berechnend in allem, was man tut. Ist man einmal berechnend geworden, erbettelt man sich Ruhm und einen guten Ruf.
9. *Hinsichtlich des Gewinns*: Bitte nicht darum, immer einen Teil davon zu erhalten, denn bekommt man immer einen Teil aller Gewinne, wird man schnell faul und träge. Ist man einmal faul und träge geworden, schadet man sich selbst damit.
10. *Hinsichtlich falscher Anschuldigungen*: Versuche nicht, dich zu rechtfertigen oder zu erklären, denn Rechtfertigung verstärkt die Illusion eines abgespaltenen Selbst. Ist dieses Trugbild eines abgespaltenen Selbst einmal entstanden, folgen schnell Wut und Rachegedanken.

Haben wir einmal gelernt, auf diese Weise zu denken, werden wir immer besser in der Lage sein, uns darauf zu konzentrieren, was wir tun, anstatt auf das, was wir bekommen. Der Wert dieses Lebens und all unserer zukünftigen Leben wird durch unser gegenwärtiges Handeln bestimmt, und nicht durch das, was wir daraus gewinnen. Dieser Punkt ist überaus wichtig. Alles, was uns widerfährt, sollte als Möglichkeit zum Wachstum angesehen werden.

Alle, die sich im
Mahayana-Samadhi üben,*
und alle, die den Pfad
des Bodhisattva beschreiten,*
beginnen mit dem Gewöhnlichen
und erreichen dadurch das Nirvana.*

- aus dem Lankavatara-Sutra

Kapitel 2

Fortschritt und Ethik

Achtsamkeit beim Sprechen,
Beherrschung des Körpers,
Bewußtheit über das Wirken des Geistes;
Gleichmut angesichts von Beleidigung,
niemals wütend;
das ist der Pfad des großen Fortschritts.
- aus dem Dharmapada

Achtsamkeit beim Sprechen, Beherrschung des Körpers

In dieser vielschichtigen Welt ist es wichtig zu wissen, wie wir uns verhalten sollen, um Fortschritte zu erzielen. Es gibt so viele Arten von Menschen und so viele unterschiedliche Ebenen von Ethik und Weisheit auf der Welt, also brauchen wir einige grundlegende Richtlinien für alle Lebenslagen. Darauf zu achten, was wir reden, und gleichzeitig die körperlichen Triebe zu beherrschen, ist eine sehr gute Grundregel, die in allen Situationen angewendet werden kann.

Den Körper zu beherrschen, heißt, erkennen, wann es zu handeln gilt und wann nicht, und zu wissen, wie wir uns angemessen verhalten. Wenn wir etwas sehen, das unserem Verständnis des Dharma* widerspricht, ist es meist am besten, es nicht weiter zu beachten; denn zum einen kann es sein, daß wir mit unserer Ansicht falsch liegen, und zum anderen sollten wir immer daran denken, daß jeder Mensch auf seine eigene Weise lernen muß. Entscheiden wir uns zum Handeln oder Sprechen, sollten wir dabei immer so mitfühlend wie möglich sein. Mitgefühl an sich ist ein Maß, das uns hilft, unvoreingenommen, geduldig und so verständnisvoll wie möglich zu sein.

Es ist sehr wichtig, darauf zu achten, was wir sagen – besonders heutzutage, wo sich so viele verschiedene Kulturen und Gruppierungen miteinander vermischen. Was in einer Gruppe harmlos sein mag, kann in einer anderen anstößig sein. Was für den einen lustig ist, mag für jemand anderen eine Zurechtweisung oder Beleidigung sein. Die gewaltige, sich ständig verändernde Vielfältigkeit der Welt gestattet uns nicht, jedesmal innezuhalten und ausführlich zu erklären, warum wir etwas gesagt und was wir damit gemeint haben. In einer idealen Welt würden alle Menschen einander vollkommen verstehen. In unserer Welt jedoch sind Mißverständnisse gang und gäbe. Darum ist es so wichtig, darauf zu achten, was wir sagen.

Eine chinesische Volksweisheit besagt: „Ein gutes Wort läßt die Märzkälte schmelzen, ein böses Wort jedoch kann im Juni den Frost hereinbrechen lassen." Ein einziges Wort kann eine Nation retten, oder es kann sie zugrunde richten. Wir können mit unseren Worten großen Schaden anrichten, aber auch viel Gutes herbeiführen.

Beim Ausüben des Buddhismus sollten wir immer versuchen, positive Energie in jede Situation zu bringen, in der wir uns befinden. Worte sind eines der wirksamsten Mittel, die wir zur Verfügung haben, um diesen Vorgang zu erleichtern. Worte sollten dazu eingesetzt werden, andere Menschen zu ermutigen und ihnen beizustehen. Sie sollten dazu verwendet werden, von Herzen und mit Wärme eine Verbindung untereinander herzustellen. Und sie sollten benutzt werden, um die Wahrheit des Dharma* mit allen zu teilen, die es hören wollen.

Buddha lehrte, daß wir uns niemals der Worte bedienen sollen, um zu lügen, zu schmeicheln, rücksichtslos zu sein oder jemanden zu täuschen. Letztendlich sollte jede Handlung des Körpers oder der Sprache auf das Wohl eines jeden Lebewesens ausgerichtet sein. Man kann sich zwar mittels Körper und Sprache weltlichen Vorteil verschaffen, aber Buddha sagte:

Ananda, alle Menschen im Himmelreich*
gelangten einzig durch gewöhnliche Anständigkeit dorthin;
ist ihr gutes Karma aufgebraucht,
werden sie wieder in den Kreislauf
von Geburt und Tod eintreten.
Der Bodhisattva dagegen schreitet stetig voran –
durch sein Erforschen des Samadhi,*
das Weitergeben seiner Verdienste
und durch seine Weiterentwicklung
auf dem Heiligen Pfad,
der über Geburt und Tod hinausführt.

- aus dem Shurangama-Sutra

Bewußtheit über das Wirken des Geistes

Das Avatamsaka-Sutra sagt: „*Der Geist beherrscht alles.*" Um unseren Körper und unsere Sprache wirklich beherrschen zu können, müssen wir unseren Geist verstehen lernen. Können wir unseren Geist beherrschen, sind wir zu allem fähig.

Von Meister Hsing K'ung (780 – 862) gibt es einen wunderbaren Vergleich, der diesen Sachverhalt hervorragend zum Ausdruck bringt. Er sagte: „*Das Praktizieren des Buddhismus kann mit dem Verwalten einer von einer Mauer umgebenen Stadt verglichen werden: Tagsüber müssen Diebe und Banditen in Schach gehalten werden, während man des Nachts ständig wachsam zu sein hat. Ist der verantwortliche Kopf aufmerksam und fähig, wird Frieden herrschen ohne den Gebrauch von Waffen.*"

In Meister Hsing K'ungs Gleichnis steht die Stadt für den tugendhaften Geist, während die Banditen die sechs Sinne darstellen, die ständig versuchen, uns unseres Friedens und unserer Weisheit zu berauben.

Unsere Seele braucht gutes Werkzeug, wenn wir uns ernsthaft dafür entscheiden, unseren Geist an die Zügel zu nehmen. Manchmal ist es erforderlich, daß wir uns ziemlich enge Grenzen setzen, und manchmal müssen wir es unseren Gedanken ermöglichen, mit den Flügeln der Inspiration aufzusteigen. Letzten Endes:

Hat sich ein Bodhisattva
einmal dem Bodhi-Geist verpflichtet,*
darf er nicht zum Stillstand kommen.
Hat er einmal begonnen, den Mahayana-Pfad zu suchen,*
darf er nicht ermatten
und des Dharmas nicht müde werden,*
oder sich mit dem Wenigen zufrieden geben,
das er hat.

- aus dem Avatamsaka-Sutra

Gleichmut

Was ist eine Beleidigung anderes als ein Angriff auf das falsche Bewußtsein vom Selbst? Und was ist Wut anderes als der Versuch, Beleidigungen abzuwehren? Mehr ist es nicht. Droht dem falschen Selbstbewußtsein ein Verlust der Kontrolle, reagiert es mit Wut. Buddha betonte immer wieder, wie wichtig es ist, angesichts von Beleidigung gleichmütig zu bleiben. Jeder von uns wird in diesem Leben Beleidigung und Spott erfahren. Heilige reagieren darauf mit Gleichmut und Geduld, während andere mit all ihren unterschiedlichen Verhaltensweisen aufwarten, von denen keine zur Lösung des tieferliegenden Problems beiträgt.

Im Sutra der überlieferten Lehren heißt es: *„In der Vervollkommnung von Tugend und Ethik und im Praktizieren des Buddhismus gibt es nichts Besseres als Gleichmut.“* Auch heißt es: *„Wer fähig ist, sich in Gleichmut zu üben, erlangt große Kraft. Kannst du nicht freudig das Gift übler Beleidigung schlucken, als ob du süßen Tau tränkest, kann man dich noch nicht weise nennen.“*

Gleichmütig sein und Beleidigungen hinnehmen heißt nicht, daß wir schwach oder ängstlich sein müssen. Es bedeutet, daß wir selbst unsere schlechtesten Erfahrungen schöpferisch nutzen, um zu wachsen und zu lernen. Wenn wir lernen, Beleidigung und Erniedrigung hinzunehmen, erwächst uns daraus große Kraft.

Das Fachi-Sutra spricht von sechs Arten des Gleichmuts, die ein Bodhisattva* erlangt, der sich angesichts von Beleidigung in Gleichmut übt:

1. Kann ein Bodhisattva sich Beleidigungen anhören, als ob er dem Echo in einer Gebirgsschlucht lauschte, so hat er *„die Weisheit des Klangs“* erlangt.
2. Kann ein Bodhisattva es hinnehmen, geschlagen zu werden, als ob er sich bewegende Formen in einem Spiegel betrachtete, so hat er *„die Weisheit der Formen“* erlangt.
3. Kann ein Bodhisattva* Leid ertragen, als ob er gleichmütig ein leeres Trugbild betrachtete, so hat er *„die Weisheit der Illusion“* erlangt.
4. Kann ein Bodhisattva Wut über sich ergehen lassen, so hat er *„die Weisheit der inneren Reinheit“* erlangt.
5. Kann ein Bodhisattva die Acht Winde* ertragen, so hat er *„die Weisheit der wahrnehmbaren Reinheit“* erlangt.
6. Läßt sich ein Bodhisattva nicht von den Schwierigkeiten des Lebens

in den Bann ziehen, so hat er *„die Weisheit der offenbarten Umstände“* erlangt.

Als Buddhisten müssen wir unseren Blick fortwährend auf die höheren Ebenen richten und immer daran denken:

Alle Schwierigkeiten, alle Gewohnheiten,
alle Beständigkeit,
sie alle sind bar jeder Essenz, sie alle sind leer.
- aus dem Mahaprajnaparamita-Sutra

Kapitel 3

Beherrschung des Körpers

Jetzt haben wir einen Körper, einen Geist
*und das Dharma**
Es ist nicht mehr schwierig, andere zu lehren.
Willst du andere lehren,
mußt du zuerst dich selbst kennenlernen.

- aus dem Beherrschung des Körpers Sutra

Konfuzius* sagte einst: „*Hat ein Mensch Kontrolle über sich selbst, werden andere ihm folgen, ohne dazu angehalten zu werden. Hat ein Mensch keine Kontrolle über sich, werden andere ihm nicht folgen, selbst wenn es ihnen befohlen wird.*"

Karma* wird durch Körper, Sprache und Geist erzeugt. Weise Selbstbeobachtung muß sich mit jedem einzelnen dieser drei auseinandersetzen. Sie müssen alle zusammen auf eine Ebene höheren Bewußtseins und größerer Selbstkontrolle gehoben werden. Beginnen wir, uns in Selbstbeherrschung zu üben, ist der Körper der am besten geeignete Ansatzpunkt. Der Geist ist spitzfindig und unbeständig und somit viel schwieriger zu beherrschen als der Körper. Jeder von uns sollte grundsätzlich einen vitalen körperlichen Standard anstreben; wir sollten den Körper so gesund, so rein und so gut beherrscht wie möglich erhalten. Wir sollten uns darum bemühen, ein bestimmtes Maß an Kontrolle über die grundlegenden Muskelbewegungen und Körperfunktionen zu haben; Herumzappeln, Nägelkauen, Kratzen, Gähnen und andere nervöse Angewohnheiten sollten letztlich der Beherrschung unseres Geistes unterliegen. Körperübungen, Schlaf- und Eßgewohnheiten sollten der körperlichen Gesundheit und der gesellschaftlichen Harmonie angemessen und zuträglich sein.

Wenn wir unseren Körper vernünftig pflegen, werden wir feststellen, daß die Grundsätze des Buddhismus leichter zu befolgen sind. Körperliches Training und Selbstbeherrschung brauchen dabei nicht übertrieben zu werden. Pflege und Beherrschung des Körpers können jedoch ein wichtiger Ausgangspunkt für das erfolgreiche Ausüben des Buddhismus sein.

Schlafen wir regelmäßig und angemessen lange, bemerken wir vermutlich, daß sich viele andere gute Gewohnheiten wie von selbst einstellen. Faulheit oder ein Widerwillen, aktiv am Leben teilzunehmen, können einer positiveren und schöpferischeren Einstellung weichen, wenn wir einmal begonnen haben, unsere Schlafgewohnheiten zu beaufsichtigen. Begierden der Sinne und der Hang, schlechten Gewohnheiten nachzugeben, können sich auflösen, wenn wir beginnen, unsere Nahrungsaufnahme zu steuern. Die Nahrungsaufnahme ist eng verknüpft mit der Einnahme von Drogen oder Alkohol, wovon Buddha nichts hielt. Die Bereitschaft, anderen einen Dienst zu erweisen, kann zunehmen, wenn wir regelmäßig körperliche Übungen ausführen und uns genügend an der frischen Luft bewegen. Der Körper ist nur ein Teil unseres Wesens, allerdings ein entscheidender und wichtiger Teil. Ohne ihn wären wir nicht in der Lage, das Dharma* zu erlernen oder zu leben.

Der Körper sollte auf entspannte und angemessene Weise beherrscht werden. Hierzu im Folgenden ein paar grundlegende Richtlinien, die wir alle berücksichtigen sollten:

1. *Ausreichend ruhen.* Genügendes Ausruhen ist sehr wichtig. Jeder Mensch hat unterschiedliche Schlafbedürfnisse, und diese sind auch zu verschiedenen Zeiten seines Lebens nicht immer gleich. Wir soll-

ten eine vernünftige Entscheidung treffen, wieviel Schlaf wir benötigen. Manche Menschen neigen dazu, zuviel, andere dazu, zuwenig zu schlafen. Beide Extreme sollten wir vermeiden.

2. *Genügend körperliche Betätigung.* Wir sollten unseren Körper täglich sportlich bewegen. Ein gesunder Erwachsener sollte täglich mindestens zwanzig, am besten vierzig bis fünfundvierzig Minuten spazierengehen. Junge Menschen sollten anstrengendere Übungen als Spazierengehen wählen, wenn es ihre körperliche Verfassung zuläßt.
3. *Angemessene Ernährung.* Buddha lehrte seine Schüler Ausgewogenheit in allem was sie tun; dies betrifft selbstverständlich auch die Ernährung. Da alle Menschen verschieden sind, muß jeder für sich selbst herausfinden, was die beste Nahrung für seinen Körper ist. Behandelte Lebensmittel, raffinierter Zucker und künstliche Zutaten sind der Gesundheit im allgemeinen eher abträglich, können aber in begrenzten Mengen verkraftet werden. Der Genuß von Fleisch sollte möglichst vermieden, zumindest aber so gering wie möglich gehalten werden. Frisches Gemüse und Obst sind der Gesundheit fast immer zuträglich. Sowohl übermäßiges als auch zu weniges Essen sollten wir vermeiden.

Die obigen Empfehlungen sind Vorschläge, was wir mindestens tun sollten, um uns bei guter Gesundheit halten zu können. Haben wir einmal einen guten Gesundheitszustand erreicht, sollten wir ihn schätzen und dazu nutzen, das Dharma* zu erlernen und anderen Lebewesen zu helfen. Gute Gesundheit ist nicht das eigentliche Ziel sondern ein Mittel zu innerem Wachstum. Körperliche Gesundheit sollte nicht zu unserem Hauptanliegen werden. Eitelkeit hinsichtlich des Körpers oder Haarspalterei darüber, welche Nahrung wir essen oder nicht essen sollen, bedeuten genauso wie Faulheit und Gefräßigkeit ein Nachgeben gegenüber körperlichen Begierden.

Der Körper sollte eingesetzt werden, um anderen Lebewesen zu helfen. Buddha sprach oft über die drei Bestandteile des menschlichen Lebens: Körper, Mund (Sprache) und Geist. Normalerweise arbeiten alle drei zusammen. Wenn wir allerdings unsere Aufmerksamkeit auf den Körper richten, werden wir feststellen, daß bei den meisten Handlungen, die gegen die Gebote verstoßen, der Körper die letzte Stufe ist. Töten, Stehlen, Lügen, Nachgiebigkeit gegenüber Begierden und der Verzehr von Drogen oder Alkohol sind alles Verstöße, die mit dem Körper begangen werden. Wenn wir unseren Körper gut beherrschen, besteht eine große Chance, daß wir einem Verstoß gegen die Gebote im letzten Augenblick widerstehen können – auch wenn unser Geist schon schwach geworden ist und unsere Sprache uns mit falschen Rechtfertigungen versehen hat.

Jeder, der über längere Zeit Buddhismus ausübt, wird erfahren, daß körperliche und geistige Beherrschung eng miteinander verknüpft sind. Kann der Geist beherrscht werden, kann es auch der Körper und umgekehrt. Rezitation und Meditation sind zwei grundlegende buddhistische Praktiken, in denen Geist und Körper sich ganz eindeutig in einer Handlung verbinden. Gemeinsam verfolgen sie dasselbe Ziel, und wir erfahren, daß in Wahrheit keine Trennung zwischen ihnen besteht. Das eine kann ohne das andere nicht existieren.

Der Zustand von Samadhi*, der durch Rezitation oder Meditation erlangt wird, kann nur erreicht werden, wenn Körper und Geist gelernt haben, miteinander in vollkommener Harmonie zu handeln. Ein rastloser Körper kann nicht zum Samadhi gelangen, auch ein tanzender Geist kann nicht zum Samadhi gelangen. Haben wir die Kontrolle über beide erlangt, kann Samadhi erreicht werden. Die Grundlage jeder Meditation ist die Regungslosigkeit des Körpers. Wunder können vollbracht werden, wenn wir gelernt haben stillzusitzen. Die Stille vollkommener Konzentration oder vollkommener Besinnung ist das Fundament aller geistigen Funktionen. Haben wir diese Stille einmal erfahren, wird uns das Auflodern der Gedanken und Trugbilder, die daraus hervorzüngeln, nie wieder wie zuvor vereinnahmen. Das buddhistische Verständnis von Ruhe und Leere gründet auf der Stille, die in tiefer Meditation gefunden wird. Zugang zu diesem Verständnis erlangen wir zum einen durch Beherrschung des Körpers und zum anderen durch Kontrolle des Geistes. Lenken wir beide bewußt, entsteht Samadhi auf natürliche Weise. Ist Samadhi erreicht, werden wir Leere und Stille verstehen.

Der Dharmapada sagt: „*Der Sieg über tausend und abertausend Feinde ist weniger bedeutend als der Sieg über sich selbst.*“

Beherrscht im Körper, beherrscht im Geist,
im Lotussitz in Meditation,
ohne andere Gedanken,
vollkommen auf die Gegenwart konzentriert,
betrachtet man die Wahrheit mit dem gesamten Geist.
Jenseits aller Begierden und Bindungen,
jenseits aller Verunreinigungen der Welt,
existiert für Verlangen kein Raum.
- aus dem Ekottarika Agama

Kapitel 4

Beherrschung der Sprache

Hüte dich vor den vier Verstößen des Wortes,
verwende häufig ermutigende Rede,
bekenne offen deine eigenen Fehler,
und auf diese Weise wirst du
die gewichtigste Stimme erlangen.

- aus dem Sutra des Bodhisattva ohne Besitztümer

Ein einziges Wort kann einen Staat retten, und ein einziges Wort kann ein Land zugrunde richten. Worte haben sehr große Macht. Worte können dazu eingesetzt werden, anderen großes Leid zuzufügen oder ihnen großen Nutzen zu bringen. Der Geist beherrscht die Sprache, aber der Mund scheint oftmals ein Eigenleben zu entwickeln, ohne zu bedenken oder Rücksicht auf die Folgen dessen zu nehmen, was er ausspricht. Der Grund dafür ist, daß die Sprache uns so naheliegt; sie ist ein solch wichtiger Teil unseres Verstandes, daß sie oft scheinbar ohne unser eigenes Zutun zum Leben erwacht. Deshalb hat Buddha seine Anhänger immer wieder ermahnt, darauf zu achten, was sie sagen. Es ist so leicht, das Falsche zu sagen.

Im Sutra hinsichtlich der vier Arten, sich selbst zu schädigen heißt es:

Betrachte das Taumeln und Schwanken der Welt im Lichte der Wahrheit; erkenne, daß all dies vom Argumentieren über unwichtige Dinge herrührt. Unheil entspringt dem Mund und ver-

ursacht abertausend Sünden und unzählige Verstöße, die uns fest an dieses Reich binden.*

Weise Buddhisten sind vorsichtig mit dem, was sie sagen, und sie nehmen Buddhas Aufforderung sehr ernst, die vier Verstöße des Wortes ganz zu vermeiden: Lüge, Unaufrichtigkeit, hartherziges und sinnloses Reden. Aus diesen wird niemals etwas Gutes entstehen.

Das SUTRA DER UNTERSCHEIDUNG ZWISCHEN DEN URSPRÜNGEN VON GUT UND BÖSE sagt:

Niemand auf dieser Welt soll einem anderen Leid zufügen durch Lügen, Unaufrichtigkeit, hartherziges oder sinnloses Reden. Wenn man diese Verstöße vermeidet, wird man fünf gute Resultate erzielen. Was sind diese fünf Resultate?
Die Resultate sind:

1. *Deine Worte werden dir immer geglaubt,*
2. *du wirst von anderen geliebt,*
3. *dein Atem wird wohlriechend sein,*
4. *du wirst im Himmelreich wiedergeboren und von allen respektiert werden,*
5. *wirst du im Menschenreich wiedergeboren, wirst du mit anderen gut auskommen, und niemand wird geneigt sein, hartherzig von dir zu sprechen.*

Lügen

Lügen ist besonders verwerflich, denn Lügen ist der vorsätzliche Versuch, die Verblendungen zu stärken. Die meisten Menschen haben sich schon völlig in Trugbildern verloren; wer das Problem noch absichtlich verstärkt, wendet sich vom Pfad des Bodhisattva* und vom grenzenlosen Mitgefühl ab, von dem dieser beflügelt wird. Lügen ist ausgesprochen schädlich, denn es zerstört Vertrauen und veranlaßt ehrliche Menschen, an ihrer eigenen Intuition zu zweifeln. Buddha bezeichnete das Lügen als eine der Zehn Sündigen Taten* und machte es zum Gegenstand eines seiner Fünf Gebote*.

Das Chu Fa Chi Yao-Sutra sagt, daß wenn wir lügen, wir das wahre Dharma* aufgeben und anderen Menschen schaden. Weiterhin sagt es, daß Lügen oft der hauptsächliche Auslöser von vielen anderen schweren Verstößen sind, die uns fest an den Kreislauf von Geburt und Tod binden. Lügen verbergen die Wahrheit und entfernen uns immer weiter von ihr. Lügen schaffen unzählige Hindernisse auf dem Weg zur Befreiung.

Das buddhistische Schrifttum unterscheidet zwischen der Erschaffung von Lügen und Lügen durch Unterlassung. Sagen wir etwas in dem Wissen, daß es nicht stimmt, so haben wir offen gelogen. Versäumen wir, etwas zu sagen, und wissen, daß wir es sagen sollten, so haben wir gelogen, indem wir etwas unterlassen haben. Eine Unterlassungslüge mag vielschichtiger sein als eine offene Lüge, ist aber nicht weniger schwerwiegend. Besteht die Absicht, jemandem zu schaden oder jemanden nicht davor zu bewahren, sich selbst zu schaden, kann eine Unterlassungslüge unglückliche Folgen haben.

Das Upasakashila-Sutra sagt, häufiges Lügen in diesem Leben bewirkt „*hartherziges Reden und häßliches Auftreten, und es wird Übel verursachen, das sich um den Lügner ansammelt, während niemand ihn mehr anschauen mag.*“ In seinem nächsten Leben, sagt das Sutra, wird der Lügner „*die Hölle betreten, wo er großen Hunger, Durst und Hitze erleiden wird.*“ Wird der Lügner nach seinem langen Aufenthalt in der Hölle im Menschenreich* wiedergeboren, wird er „*armselige Sprachfähigkeiten haben und die Menschen werden ihm mißtrauen. Niemand wird sich freuen, ihn zu sehen, und keiner wird ihm glauben, selbst wenn er die Wahrheit spricht. Er wird in Armut leben.*“

Der Dharmagupta Vinaya unterscheidet zwischen zwei grundlegenden Arten des Lügens. Eine Unwahrheit erfinden, wird gewöhnlich als *„mindere Form des Lügens"* bezeichnet. Die in diesem Text erwähnte *„schwerwiegendere Form des Lügens"* ist der äußerst ernste Verstoß zu behaupten, man sei erleuchtet, wenn man es nicht ist.

Unaufrichtigkeit

Unaufrichtig sein bedeutet, mit gespaltener Zunge zu sprechen. Wenn wir unaufrichtig sind, sagen wir das eine zu diesem Menschen und etwas anderes zu jenem. Beabsichtigen wir damit, Uneinigkeit oder Verwirrung zu stiften, ist dies ein ernsthafter Verstoß. Es ist auch unaufrichtig, bestimmte Gefühle vorzutäuschen, während wir gemäß anderer, verborgener Gefühle handeln. Wenn wir einen anderen Menschen gefühlsmäßig hintergehen, fügen wir ihm damit eine große Kränkung zu.

Eine verbreitete Form von Unaufrichtigkeit ist Schmeichelei. Schmeichelei ist immer mit Hintergedanken verbunden. Schmeichelei ist eine Form der Täuschung, die eingesetzt wird, um jemanden dazu zu bewegen, etwas zu tun oder zu geben, was er normalerweise nicht tun oder geben würde. Wann immer wir falsch lächeln oder Worte dazu benutzen, falsche Gefühle in anderen hervorzurufen, machen wir uns eines Vergehens gegen die Wahrheit schuldig. Derartige Handlungen zerstören das natürliche Vertrauen, das unter Menschen herrschen sollte.

Das Saddharma Smriti Upasthana-Sutra sagt: *„Sich allzusehr endlosem Geschwätz hinzugeben, steigert die Begierde in einem selbst und die Angst in anderen. Unaufrichtigkeit ist gewöhnlich das Ergebnis von verbalen Verstößen der Wichtigtuerei und Übertreibung."*

Das Kushalamula Samgraha-Sutra sagt: *„Hartherzige Rede und Unaufrichtigkeit sind ein Zeichen dafür, daß man Vergnügen daran hat,* *anderen zu schaden oder sie zu Schaden zu bringen. Solches Verhalten verursacht unendliche Schwierigkeiten.“*

Das FAYUAN CHULIN sagt:

Jene, die unaufrichtig sind oder mit anderen streiten und Zwietracht unter ihnen säen, werden entzweigerissen, sobald sie zur Hölle fahren. Ihr Mund wird ihnen ausgerissen von den Wächtern der Hölle, und ihre Zungen werden mit glühenden Messern abgeschnitten. Sie werden ungeheuer leiden und hungern und dürsten. Sie werden sich nicht von ihrem schlechten Karma befreien können. Sie werden ihr eigenes Blut trinken.*

An anderer Stelle im FAYUAN CHULIN heißt es:

Fügt jemand einem anderen durch einen Akt der Unaufrichtigkeit Schaden zu, wird er zweifellos in eines der niederen Reiche zurückfallen. Gelingt es ihm, wieder einen menschlichen Körper zu erlangen, wird sein schlechtes Karma ihn überall verfolgen; seine Familie wird von niederem Geist und bösartig sein, und oft mit ihm uneins sein und streiten und wütend auf ihn sein und ihn ärgern.*

Unaufrichtigkeit erzeugt Uneinigkeit innerhalb kleinerer Gruppen und trägt zur allgemeinen Unausgeglichenheit der Welt bei. Ein unaufrichtig handelnder Geist ist in erster Linie negativ. Ein solcher Geist betrachtet sich selbst als klug, während er in Wirklichkeit unter dem Unvermögen leidet, sich der gesamten Auswirkungen seiner Taten bewußt zu sein. Bei praktizierenden Buddhisten ist Unaufrichtigkeit besonders schädlich. Wenn wir als Buddhisten heuchlerisch in unserem Glauben sind – täuschen wir also eine Sache vor und handeln entgegengesetzt – so arbeiten wir entgegen den Bemühungen zahlloser Bodhisattvas* und Buddhas*. Anstatt andere Menschen zur Wahrheit zu führen, werden sie sich durch unser armseliges Beispiel davon abwenden.

Es ist besonders wichtig, daß sich jeder, der andere zum Dharma* führen möchte, ehrlich und aufrichtig verhält.

Hartherzige Rede

Hartherzig reden heißt nicht nur, laut und energisch sprechen. Hartherzige Rede ist eine Sprache, die einen anderen Menschen verletzt. Manchmal kann hartherzige Rede sich durch einen spöttischen Unterton ausdrücken. Manchmal sind selbst harte Worte nicht unbedingt hartherzig. Wenn wir aufmerksam sind, dann können wir erkennen, wann wir mit unseren Worten verletzen wollen.

In der Einführung in die Ebenen des Dharma-Reiches heißt es: *„Üble Worte, ausgesprochen in der Absicht, einem anderen Leid zuzufügen – das ist mit ‚hartherziger Rede' gemeint."*

Der Fünfteilige Vinaya sagt:

Die Menschen sind mit einer Axt im Munde geboren und schneiden sich mit ihrer hartherzigen Rede ins eigene Fleisch. Sie bemäkeln jene, die gepriesen werden sollten, und preisen jene, die bemäkelt werden sollten. Die Folgen ihres Benehmens fallen auf sie zurück, und darum kennen sie keine Freude.

Sinnlose Rede

Nach dem Satyasiddhi Shastra fällt unter sinnlose Rede: unwahre Rede; wahre Rede, die zur falschen Zeit ausgesprochen wurde; wahre Rede, die dazu führt, daß jemand leidet; wahre Rede, die keinen Anfang oder kein Ende hat; wahre Rede, die verworren ist oder auf unangemessene Weise dargebracht wird.

Das Yogacharabhumi Shastra beschreibt sinnlose Rede wie folgt: trügerische Rede; unpassende Rede; Rede ohne Bedeutung; Rede, die ungenaue Formulierungen verwendet; gedankenlose Rede; wüste Rede; verwirrende Rede; unnütze Rede; Rede ohne übergeordnete Bewandtnis; Rede, die dem Dharma* widerspricht.

Sinnlose Rede mißt anderen keine Bedeutung zu. Es ist Zeitverschwendung, ihr zuzuhören. Jemand, der häufig sinnlos daherredet, läuft Gefahr, sich unnötig an diese Welt der Illusionen zu binden. Unzusammenhängende oder erfinderische Rede, die ein höheres Ziel verfolgt, ist selbstverständlich keine Form der sinnlosen Rede.

Willst du wahre Versenkung erwirken,
betrachte nur Name und Form.
Willst du wahre Erkenntnis erlangen,
erkenne nur Name und Form.
Selbst wenn du es vorziehst, unwissend zu sein,
und all deine Zeit mit Denken verschwendest,
zwischen unzähligen Erscheinungen unterscheidest,
wirst du doch absolut nichts finden,
was über Name und Form hinausreicht.

- aus dem Mahaprajnaparamita Shastra

Kapitel 5

Worte

Rauhe Worte schaden dir selbst
und anderen,
während freundliche Worte
allen zugute kommen.
- aus dem Sukhavativyuha-Sutra

Die Bedeutsamkeit der Worte

Die Bedeutsamkeit der Worte kann nicht genügend betont werden. Den größten Teil ihres schlechten Karmas* verursachen die Menschen durch Worte.

Reden ist das machtvollste Mittel, anhand dessen wir uns mit anderen Menschen verständigen. Die Wahl unserer Worte, der Klang unserer Stimme, selbst unsere Auswahl an Themen kann den tiefgreifendsten Einfluß auf andere Menschen haben. Maßloses oder unbedachtes Reden führt oftmals zu Unverständnis, Mißtrauen und Verärgerung.

Menschen werden ärgerlich oder mißtrauisch, weil sie getäuscht werden. Die „Schlinge", in der sich unser trügerisches Selbstbewußtsein oftmals verfängt, ist aus Worten geknüpft – und haben wir uns einmal darin verfangen, reagieren wir sehr wahrscheinlich gereizt oder empört. Für dieses Problem gibt es keine einfache Lösung. Genauso leicht, wie wir andere mit unserer Rede verärgern können, kann es uns mißfallen, was sie sagen. Wir haben zwar nicht in der Hand, was andere zu uns sagen, aber wir können ihnen mit Mitgefühl und Verständnis zuhören und ihre sprachlichen Entgleisungen und Fehler in weisem Gleichmut durchgehen lassen. Gleichzeitig können wir darauf achten, was wir zu ihnen sagen.

In der Sprache enthüllt sich der menschliche Charakter. Es hilft, daran zu denken, daß Menschen, die sich häufig im Zorn äußern, wahrscheinlich ein tiefsitzendes Bedürfnis eben danach haben. Menschen, die oft negativ und kritisch sind, sprechen vermutlich so, weil sie gelernt haben, so zu reden; es ist die Art, wie immer zu ihnen gesprochen wurde. Menschen, die zuviel reden, tun dies vermutlich, weil sie tief in ihrem Inneren das Gefühl haben, daß ihnen niemals jemand wirklich zugehört hat. Menschen, die oft unwissend daherreden, wissen es einfach nicht besser. Was ist das Mitfühlendste, das du tun kannst, wenn du solchen Menschen begegnest? Sei geduldig, sei verständnisvoll und verschlimmere das Problem nicht noch, indem du selbst falsche Rede verwendest.

LUNG SHU'S ABHANDLUNG ÜBER DAS REINE LAND enthält neun wichtige Hinweise, wie wir reden sollen. Diese Punkte – als Gleichnisse angelegt – werden uns helfen, durch unser Reden gutes Karma* zu erzeugen und schlechtes Karma zu vermeiden. In der Abhandlung heißt es:

1. Wann immer wir Buddhas Namen rezitieren, sind unsere Münder gereinigt und die Worte, die ihnen entspringen, sind wie Perlen.
2. Wann immer wir das Dharma predigen, ist es, als ob Licht aus unseren Mündern ströme.
3. Wann immer wir unnütz reden oder auf eine Weise, die niemandem Gutes tut, ist es, als ob wir auf Holzspänen kauten.
4. Wann immer wir jemanden übel plagen, ist es, als ob wir ihn mit einem Messer schnitten.
5. Wann immer wir schmutzige Rede gebrauchen, ist es, als ob Würmer oder Käfer aus unserem Munde kröchen.

6. Wann immer wir von guten Dingen sprechen, ist es, als ob unserem Munde ein angenehmer Duft entströme.
7. Wann immer wir wahrhaftig und aufrichtig sprechen, ist es, als ob unsere Worte aus feiner Seide gewoben seien.
8. Wann immer wir andere in die Irre führen, ist es, als ob unsere Worte der Deckel einer Fallgrube seien.
9. Wann immer wir hartherzig oder grausam reden, ist es, als ob ein fauliger Gestank aus unseren Mündern quölle.

Die Gefahren hartherziger Rede

Hartherziges Reden wird im allgemeinen durch Zorn ausgelöst. Es ist schlimm genug, wenn wir es zulassen, daß wir selbst wütend werden, aber sobald wir unseren Ärger an anderen auslassen, lösen wir eine Kette von Ereignissen aus, die schnell außer Kontrolle geraten kann. Hartherziges, wütendes Reden ist, als ob man Feuer auf eine brennbare Oberfläche legt. Alles mögliche kann geschehen. Im geringsten Fall verletzen wir die Gefühle eines anderen. Schlimmstenfalls kann unser Reden Gewalt erzeugen.

Das KARMAVIBHANGA-SUTRA sagt:

Wenn du in diesem Leben häufig hartherzig redest, um andere zu schikanieren, wenn du Freude daran findest, Vertrauliches über sie auszuplaudern, und wenn du rechthaberisch und unnachgiebig bist, so wirst du in deinem nächsten Leben als feuerspuckender, hungriger Geist wiedergeboren werden.

Das YOGACHARABHUMI-SUTRA sagt:

Verblendung und Hartherzigkeit erzeugen Worte, die nicht weich sind und nicht warm. Ein Mensch, der sich hartherziger und unaufrichtiger Rede hingibt, wird nicht darüber nachdenken, was anderen Menschen guttun könnte, und er wird häufig rücksichts-

los und ohne Ende reden. Solch ein Mensch birgt Übel in seinem Herzen, so wie Asche ein lebendiges Feuer bedeckt; wenn du auf sie trittst, wirst du dir die Füße verbrennen.

Die Verdienste gutherziger Rede

Beim Ausüben des Buddhismus ist es erforderlich, daß wir unsere Aufmerksamkeit auf die Handlungen unseres Körpers und unseres Geistes sowie auf unsere Sprache lenken. Sprache ist so wichtig für das erfolgreiche Praktizieren des Buddhismus, daß Buddha dem Reden dieselbe Bedeutung beimaß wie dem Geist und dem Körper. Sprache kann eine Art Handhabe sein, die wir einsetzen, um alle Bereiche unseres Lebens in den Griff zu bekommen. Halten wir uns beim Reden an die Gebote des Buddhismus, kann unser sonstiges Verhalten nicht weit zurückstehen.

Das Yogacharabhumi-Sutra sagt:

Wenn dein Reden immer sanft und angenehm ist und im Einklang mit den Gefühlen anderer, so wird dies dein Verhalten unterstützen und du wirst nicht Gefahr laufen, andere Menschen durch deinen Körper oder Geist zu verletzen. Gutherzige Rede ist wie ein blühender Baum; eines Tages werden seine Früchte süß und schön sein.

Das Diamant-Sutra sagt, Buddha sei „*der Eine der wahrhaftigen Worte, der echten Worte, der Eine, der nicht ändert, was er gesagt hat, und der nicht lügt.*"

Buddhas Worte waren stets liebevoll, aufrichtig und von großem Mitgefühl, deshalb wurde er von jedem geachtet. Buddha ist unser allererster Lehrer, und er ist das beste Beispiel dafür, wie wir uns verhalten sollten. Wenn du nicht weißt, was du sagen sollst, versuche dir vorzustellen, was Buddha an deiner Stelle sagen würde. Denke daran, daß es einer von Buddhas kennzeichnenden Wesenszügen war, die Menschen niemals zu ängstigen. Manchmal ist es besser, ungeschickt oder töricht zu sein, als sich abzumühen, etwas Geistreiches oder Unaufrichtiges zu sagen. Es ist immer besser, etwas Freundliches oder Ermutigendes zu sagen, als etwas Bissiges oder Spöttisches.

Als Buddha Shakyamuni* noch ein Bodhisattva* war, war er mit Bodhisattva Maitreya* zusammen, welcher der nächste Buddha auf Erden sein wird. Shakyamuni wurde lange vor Maitreya zum Buddha, weil er – als er noch ein Bodhisattva war – mehr Zeit und Energie darauf verwandte, alle Buddhas des Universums zu preisen. Die Kraft seiner Lobpreisung und die Verdienste, die er durch beständiges gutherziges Reden erlangte, ermöglichten es ihm, vor Maitreya die vollkommene Erleuchtung zu erlangen.

Buddha sagte, daß gutherzige Rede zehn Arten von Verdienst erzeugt: eine warme Stimme; wortgewandtes Reden; die Fähigkeit, gut argumentieren zu können; schönes Reden; präzises Reden; aufrichtiges Reden; furchtloses Reden; respektvolles Reden; die Fähigkeit, das Dharma erläutern zu können, und eine gute Wiedergeburt, wenn dieses Leben einst vorüber ist.

Letztendlich sollten wir unser Bestes tun, um sicherzugehen, daß unsere Sprache immer von der wundervollen Energie durchdrungen ist, die wir durch das Dharma* erlangt haben. Die Schönheit des Dharma kann uns verwandeln, indem wir es studieren, und sie kann andere verändern, indem wir ihnen die positive Energie, die wir daraus gewinnen, vermitteln.

Am schnellsten lernen wir alle, wenn wir von einem Buddha lernen. Selbst Buddha Shakyamuni lernte auf diese Weise. Als er noch ein Bodhisattva war, setzte er seine Stimme ein, um sieben Tage und sieben Nächte lang folgende Verse zu zitieren:

Über dem Himmel, unter dem Himmel
gibt es nichts und niemanden, der wie Buddha ist.
In all den Welten, in allen zehn Richtungen
gibt es nichts, das ihm gleicht.
Nichts von all dem, was ich je gesehen habe,
kann jemals mit ihm verglichen werden.
- aus dem ABHINISKRAMANA-SUTRA

Kapitel 6

Gier überwinden

Gier erzeugt Traurigkeit;
Gier erzeugt Angst.
Wenn es keine Gier gibt,
wie kann es dann Traurigkeit und Angst geben?
- aus dem Dharmapada

Die Ursachen der Gier

Gier ist eine kennzeichnende Krankheit aller Lebewesen. In unserem Reich, dem Reich der Begierden *(Kamadhatu*)*, bekommen wir die Kraft und die Auswirkungen der Gier besonders stark zu spüren. Gier beruht auf Verblendung und kann ohne sie nicht bestehen. Die grundlegende Verblendung, die es der Gier ermöglicht zu bestehen, ist der Glaube an ein Selbst, das für sich und unabhängig von anderen Lebewesen existiert. Dieser Glaube führt zu nichts als Schwierigkeiten. Wenn wir glauben, abgespalten von allem zu sein, entstehen Begierden, Verstrickungen, und die falsche Gewißheit, daß wir Vorteile für uns erringen können, ohne das Wohl anderer mit einzubeziehen.

Gier entspringt der Verblendung, und während sie ihr häßliches Haupt erhebt, erzeugt sie noch mehr Verblendung. Die Gelüste der Gier und ihre unzähligen Verstrickungen vernebeln stets das höhere Bewußtsein, und sie schwächen stets das ethische Empfinden. Gier hat viele Namen und trägt viele Masken. Manchmal nennen wir sie „Wollen“, manchmal nennen wir sie „Liebe", manchmal nennen wir sie „Gerechtigkeit", und manchmal nennen wir sie „Wahrheit".

Gier ist eine der sechs Hauptverunreinigungen (*Klesha*), die in buddhistischen Sutras erwähnt werden. Die sechs Klesha sind: Gier, Wut, Verblendung, Hochmut, Zweifel und falsche Sichtweisen.

Das YOGACHARABHUMI SHASTRA spricht von den zehn Schwierigkeiten *(Anusaya)*. Die zehn *Anusaya* enthalten eine ausführlichere Erläuterung der Kräfte, die unter den Lebewesen Leid erzeugen. Die zehn Anusaya sind: Gier, Wut, Hochmut, Verblendung, Zweifel, Identifizierung mit dem Körper, Verneinung von Glaubenssätzen oder der Glaube an Unveränderlichkeit, Unglaube gegenüber den Gesetzen des Karma*, Selbstgerechtigkeit und übertriebene Enthaltsamkeit. Im Chinesischen werden die zehn *Anusaya* „die beständigen Schlafauslöser" genannt, weil jedes einzelne jederzeit aufkommen kann und weil ihr Einfluß unser Denken vernebelt und auf uns wirkt, als ob wir schläfrig seien im Licht der Wahrheit. Die zehn *Anusaya* sind Samen im *Alaya*-Bewußtsein*, die wir selbst irgendwann in der Vergangenheit gepflanzt haben.

Gier ist auch in den AGAMAS aufgeführt, als eine der Neun Fesseln, die uns an die Vergänglichkeit (*Bandhana*) binden. Die Neun Fesseln der Vergänglichkeit* sind: Liebe, Haß, Hochmut, Verblendung, falsche Sichtweisen, Gier, Zweifel, Neid, Geiz oder Selbstsucht.

Das YOGACHARABHUMI SHASTRA sagt, daß Gier aus den Fünf Skandhas* entsteht. Ein Mensch ist aus fünf Skandhas oder Bausteinen zusammengesetzt, nämlich Form (Materie), Gefühl, Wahrnehmung, Willensregung und Bewußtsein. Das YOGACHARABHUMI SHASTRA sagt, zehn Umstände führen zu Gier: Habgierigkeit; Ausschweifung; Nichthaben; Haben; bösartiges Benehmen; der Wunsch Kinder, Freunde und Verwandte zu haben; die Notwendigkeiten des Alltags; das Verlangen nach ewigem Leben; das Verlangen, nicht ewig zu leben. Die meisten dieser Umstände sind übliche Seiten unseres Lebens. Das YOGACHARA-

Bhumi Shastra sagt nicht, daß diese Umstände vermieden oder verachtet werden sollen, sondern daß sie zu Gier führen können, wenn wir zu stark in sie verstrickt sind. Bösartiges Benehmen sollte natürlich kein normaler Umstand unseres Lebens sein.

Wir können zu den Wurzeln der Gier vordringen, indem wir uns rückwärts durch die Fünf Skandhas* arbeiten. Zuerst werden wir uns bewußt, was Gier ist und wie sie uns beeinflußt; dann beginnen wir, die Willensregung zu verstehen, die der Bewußtheit vorausgeht; anschließend fangen wir an zu erkennen, wie sehr unsere Wahrnehmung von unseren Erwartungen abhängt; sodann beginnen wir zu verstehen, wie stark unser Handeln unseren Gefühlen unterworfen ist; und schließlich werden wir die Form ohne jegliches Verlangen erkennen.

Der Abhidharmakosha spricht von vier Grundarten sexueller Begierde:

1. *Sexuelle Begierde ausgelöst durch körperliche Farbgebung.* Dies umfaßt Haar- und Hautfarbe, Makeup, Kleidung usw.
2. *Sexuelle Begierde ausgelöst durch körperliche Form.* Dies umfaßt Größe, Gewicht, Schönheit, Erscheinung usw.
3. *Sexuelle Begierde ausgelöst durch Berührung.*
4. *Sexuelle Begierde ausgelöst durch Verhalten und Eigenarten.* Dies umfaßt sämtliche Verhaltensweisen, den Klang der Stimme, Gestik usw.

Je mehr Aufmerksamkeit wir auf die Wurzeln und Quellen der Gier richten, um so schneller werden wir diese Bereiche mit einer höheren Bewußtheit erfüllen können, die uns letztendlich die vollkommene Befreiung von allen Fesseln gewährt.

Probleme, die durch Gier entstehen

Gier verstärkt unsere Verstrickung in diese Welt, verwirrt unsere Sinne und hindert uns daran, die überwältigende Fülle des Bodhi-Geistes* zu erfassen. Wenn wir versuchen, die uns fesselnden Begierden aufzugeben, mag es zunächst so scheinen, als ob wir dadurch mehr verlieren als gewinnen. Doch in dem Maße, wie unsere Weisheit wächst, werden wir erkennen, daß wir in Wahrheit überhaupt nichts aufgegeben, sondern alles gewonnen haben.

Diese Welt besteht zur Hälfte aus Freude und zur Hälfte aus Schmerz. Egal was wir tun, wir werden einmal Schmerz erfahren. Geben wir uns dem Vergnügen hin und werden gierig danach, dann wird sich auch dies irgendwann in Schmerz verwandeln. Gier verfügt über spitzfindige Wege, Vergnügen in Traurigkeit zu verwandeln und Freude mit Furcht und Angst zu durchtränken. Es ist weitaus besser, wir erlauben dem Leben so zu fließen, wie es fließen muß, anstatt uns an jedem kleinen Ding festzuklammern, das wir meinen, haben zu müssen.

Neben den Problemen, die Gier in der Gegenwart erzeugt, pflanzt sie außerdem Samen im Alaya-Bewußtsein*, die all unsere Fesseln an das Samsara* verstärken. Blicke auf dein Leben zurück; zweifellos wirst du erkennen, daß deine Gier dich selten in die richtige Richtung geführt hat. Jetzt betrachte deine Zukunft; die Gier, die du heute nicht beherrschen kannst, wird die Beschaffenheit deiner zukünftigen Leben bestimmen.

Wie wir uns von Gier befreien können

Gier muß beherrscht werden. Wird sie jedoch nicht auf intelligente Weise beherrscht, kann allein das Bemühen, sie zu beherrschen, zu einer verborgeneren Form von Gier führen. Der Buddhismus wird der Weg der Mitte genannt, weil er uns lehrt, einen Weg zu gehen, der zwischen Askese und weltlicher Gesinnung liegt. Durch Meditation, aufmerksame Selbstbetrachtung und Besinnung sind wir in der Lage, die nötige Weisheit zur Überwindung der Gier zu erlangen.

In der Theravada-Tradition* werden die Menschen gewöhnlich dazu angehalten, die wesenseigene Unreinheit der begehrten Objekte zu betrachten, um ihre Bindung an sie zu durchschauen. In der Mahayana-Tradition* wird den Menschen eher gelehrt, die grundsätzliche Leere und Vergänglichkeit der begehrten Dinge zu betrachten, um ihre Bindung an sie zu durchschauen. Beide Vorgehensweisen sind sehr nützlich.

Die Abhandlung über das Erwachen des Glaubens in das Mahayana verdeutlicht, daß wir in allem, was wir tun, immer danach streben sollten, den Höheren Weg* zu wählen. Tathagata*, ein Name für Buddha, bedeutet: Der vom ‚So-Sein Kommende'. Das ‚So-Sein' ist die Wirklichkeit, wie ein Buddha sie sieht. Die Abhandlung über das Erwachen des Glaubens in das Mahayana sagt:

> *Wie sollen wir den Menschen helfen, über das ständige Kommen und Gehen geistiger Prozesse hinauszugelangen, damit sie Zugang zum vollen Bewußtsein wahren So-Seins erhalten? Wir sollten ihnen sagen, daß keine Form und keine Erscheinung eine ihr innewohnende Wirklichkeit besitzt. Und warum besitzen sie keine ihnen innewohnende Wirklichkeit? Analysiere die Form; nach und nach wirst du feststellen, daß sie aus nichts anderem als feinem Staub besteht. Dann analysiere diesen feinen Staub; du wirst erkennen, daß auch er wie alle anderen Formen ist: nicht mehr als Bilder oder Spiegelungen, hervorgerufen durch die geistige Neigung, Unterschiede zu erschaffen. In Wirklichkeit existiert er nicht.*
>
> *Wende diese Analyse auch auf die anderen Skandhas* an; allmählich wird dich dein Denken zur kleinsten Einheit der Zeit führen, zu einer Ksana*. Von einer Ksana aus gesehen, ist keine Form oder Erscheinung eine einzelne, vollständige Ganzheit. Selbst nicht-verursachte Zustände (Asamskrita Dharmas: z.B.*

Raum, Leidenschaftslosigkeit, mühelose Auflösung) sind von dieser Art. Deshalb wird die bloße Loslösung vom Reich der Erscheinungen dir kein volles Bewußtsein über das wahre So-Sein bringen.

Sämtliche Dharmas, sämtliche Gesetze und sämtliche Erscheinungen des gesamten Universums sind gleich. Sie sind alle von dieser Art. Man muß diesen Punkt vollständig erfassen, denn auf diese Weise werden die Menschen von Erscheinungen irregeführt. Egal wohin du dich wendest, die Wahrheit ist immer dieselbe. Und egal wohin du schaust, fühlende Wesen lassen sich immer auf dieselbe Weise täuschen. Nur der Geist kann bewegt oder abgelenkt werden: die Wahrheit bewegt sich nie.*

Wenn du die Bewegung des Geistes und das Kommen und Gehen der Gedanken durchschaust, wirst du Zugang zum vollen Bewußtsein über das wahre So-Sein erlangen.

Ein Leben ohne Gier

Gier hat keine Essenz.
Jegliches Gebundensein ist Illusion
- aus dem YOGACHARABHUMI-SHASTRA

Letztendlich erlangen wir ein Leben ohne Gier, indem wir einfach erkennen, daß Gier keine eigentliche Wirklichkeit besitzt. Da ist niemand, der gierig sein kann, und da ist nichts, das begehrt werden kann. Wenn wir diese Wahrheit vollkommen erkannt haben, werden wir jenseits aller Gier sein. Die Weisheit des Bodhi-Geistes* geht über alle und jede Bindung an diese Saha-Welt* hinaus.

Wer diesen Lehren folgt,
wird so strahlend wie die Sonne und der Mond
und kann alle Dunkelheit überwinden.
- aus dem LOTUS-SUTRA

KAPITEL 7

Zorn auflösen

Zorn mit Zorn zu erwidern ist schlecht.
Reagiere auf Zorn nicht mit Zorn.
Nicht zornig sein ist immer besser
als zornig sein.

- aus dem SAMYUKTA AGAMA

Die Ursprünge des Zorns

Zorn ist eines der drei von Buddha erörterten zentralen (Geistes-) „Gifte". Die anderen beiden sind Verblendung und Begierde. Im allgemeinen arbeiten die Drei Gifte* einander zu. Sie ernähren sich voneinander, sie rechtfertigen sich gegenseitig, und sie erzeugen die Bedingungen, die zu ihrer Böses verursachenden Wiederkehr führen. Sie erschaffen das Karma*, das uns an die niedere Bewußtseinsebene bindet, die für diese Saha-Welt* so typisch ist. Die Drei Gifte werden manchmal auch „die Drei Feuer" genannt, weil sie unseren Geist ohnmächtig lodern und wüten lassen wie ein außer Kontrolle geratenes Feuer. Bisweilen nennt man sie auch „die Drei Leiden", denn sie bringen Leid über die Menschen und zwingen sie dazu, lange im Kreislauf von Geburt und Tod zu verweilen.

Der ABHIDHARMAKOSHA und das VIJNAPTIMATRATASIDDHI SHASTRA sagen beide, daß Zorn ein Zustand ist, in dem der Geist vor Mühsal taumelt und keinen Frieden finden kann, weil er der Weisheit den Rücken zugewandt hat und anderen seine Krallen zeigt. Zorn erscheint in vielerlei Form: Verbitterung, Haß, Eifersucht, Grausamkeit, Mißbrauch, Freude am Unglück anderer. Zorn hat viele Namen, entsteht aber im wesentlichen durch den Irrglauben, daß das illusorische Selbst die Kontrolle über etwas verloren hat, das ihm wichtig ist. Dieser Verlust von Kontrolle erzeugt eine verblendete Wut, in der wir versuchen, jenes Gleichgewicht wiederherzustellen, von dem wir glauben, daß es herrschen müsse. Handelt es sich um einen momentanen Ausbruch von Wut, nennen wir es Ärger oder Zorn. Brennt die Wut über einen längeren Zeitraum hinweg, nennen wir sie Haß oder Eifersucht oder Verbitterung. Die Ursache ist jedoch immer dieselbe; die Illusion wurde gefährdet und anstatt zu lernen, entscheidet sie, sich selbst zu schaden.

Buddha sagte, Zorn sei eines der Fünf Hemmnisse. Die Fünf Hemmnisse sind Launen oder Zustände, die es uns erschweren, das Dharma* zu erlernen. Dazu gehören Zorn, Begierde, Trägheit, Reizbarkeit und Zweifel. Buddha sagte auch, daß Zorn einer der Fünf Abgesandten der Dummheit sei. Die Fünf Abgesandten der Dummheit sind Gier, Zorn, Verblendung, Hochmut und Zweifel.

Der Buddhismus kennt drei Grundarten von Zorn:

1. *Grundloser Zorn.* Diese Art Zorn entsteht im Geist, ohne äußere Ursache. Dieser Zorn erwächst aus Samen, die schon zuvor im *Alaya*-Bewußtsein* gepflanzt worden sind.
2. *Verursachter Zorn.* Diese Art Zorn entsteht, wenn jemand einen „Anlaß“ dazu gegeben hat. Dieser Zorn wird ausgelöst, wenn ein Same des Zorns im *Alaya*-Bewußtsein durch äußere Umstände zum Wachsen angeregt wird.
3. *Dialektischer Zorn.* Diese Art Zorn entsteht, wenn jemand anderer Meinung ist als wir selbst. Er wird auf dieselbe Weise ausgelöst wie verursachter Zorn.

Zorn ist eine für das Reich der Begierde (*Kamadhatu**) typische Leidensform. Im *Rupadhatu* (dem Reich der Form) und *Arupadhatu* (dem Reich der Formlosigkeit) gibt es keinen Zorn.

Zorn unterscheidet sich von Gier insofern, daß er eine Form von Abneigung ist, die hervorgerufen wird durch etwas, das wir nicht mögen. Gier hingegen ist eine Form der Anziehung, ausgelöst durch etwas, das uns gefällt. In dieser begrenzten Hinsicht, und nur in dieser, können wir sagen, daß Gier „besser" als Zorn ist. Gier hat zumindest einige positive Bestandteile, während Zorn in der Regel gar keine besitzt.

Zorn als Verstoß

Das AVATAMSAKA SUTRA sagt: „*Von allen Formen des Übels ist keine schlimmer als der Zorn. Ein einziger Augenblick des Zorns kann ein gewaltiges Hemmnis für das Wachstum sein.*"

Das FAYUAN CHULIN sagt:

Zorn ist der Untergang alles Guten und der Beginn allen Übels. Zorn vernichtet die Freude des Dharma, raubt die Güte des Geistes und nötigt den Mund, schreckliche Dinge zu sagen. Zorn ist wie die Schneide einer Axt.

Zorn ist eines der größten Hindernisse für das erfolgreiche Studium des Buddhismus. Zorn ist eine Form leidenschaftlicher Verblendung. Es ist schwer genug zu lernen, wenn wir einfach nur verblendet sind, aber wie können wir jemals lernen, wenn wir in unserer Verblendung auch noch von Leidenschaft erfüllt sind? Nur ein ruhiger und empfänglicher Geist ist fähig zu lernen. Ein Geist, in dem ein Feuer wütet, verbrennt nur sich selbst. Aus diesem Grund hat Buddha seinen Schülern immer wieder geraten, sich vor Zorn zu hüten. Wir alle müssen lernen, den Zorn zu beherrschen und zu überwinden.

Im SUTRA DER ÜBERLIEFERTEN LEHREN heißt es:

Zorn kann alle guten Erfahrungen zunichte machen und ist nicht schnell vergessen. Er ist nicht anziehend, weder in der Gegenwart noch zu späterer Zeit, wenn man ihn als etwas der Vergangenheit angehörendes betrachtet. Gerät Zorn außer Kontrolle wie ein wütendes Feuer, so schütze dich und lasse dich nicht davon verbrennen. Wie ein Dieb wird dieses Feuer dir alles nehmen, was du hast. Es gibt nichts Schlimmeres als Zorn.

Das MAHAPRAJNAPARAMITA SHASTRA sagt:

Zorn muß als der Schlimmste aller Verstöße erachtet werden. Er ist das schlimmste der Drei Gifte. Von den neunundachtzig Verunreinigungen ist er die hartnäckigste. Er ist die am schwersten zu heilende aller geistigen Erkrankungen. Ein Mensch voller Zorn kann nicht sehen, was richtig ist; er erkennt weder den Unterschied zwischen Gut und Schlecht noch zwischen Helfen und Schaden. Er hat seine Selbstbeherrschung verloren und begonnen, dem Reich der Hölle anheimzufallen.

Das SADDHARMA SMRITI UPASTHANA SUTRA sagt, Zorn sei wie eine giftige Schlange, wie eine Messerklinge, wie Feuer. Das Sutra sagt, weise Menschen müßten alles tun, um den Zorn zu überwinden.

Das BODHISATTVABHUMI SHASTRA sagt, daß alle, die oft zornig sind, mit ziemlicher Sicherheit in eines der drei niederen Reiche der Existenz (Hölle, hungrige Geister, Tiere) fallen werden. Werden sie im Reich der Menschen wiedergeboren, so werden sie unter folgenden beiden Schwierigkeiten leiden:

1. Sie werden häufig Opfer der Mißbilligung und Kritik anderer Leute, und
2. sie werden von anderen Menschen häufig bedrängt und belästigt und werden wenig oder keinen Frieden in ihrem Leben finden.

Das Mittel gegen Zorn

Zorn ist eine Form der Energie. Die einfachste Weise, Zorn zu behandeln, ist, ihn eben als Energie zu betrachten. Befreie ihn von allen Etiketten und löse ihn von allen Geschichten oder Rechtfertigungen, warum er da ist. Betrachten wir Zorn als reine Energie, können wir ihn leichter als das erkennen, was er ist, und ihn meistern. Eine andere Art, den Zorn in den Griff zu bekommen, ist, uns vergangene Situationen ins Gedächtnis zu rufen, in denen wir zornig waren. Wie wichtig sind sie jetzt? Waren sie damals wirklich von Bedeutung? Ist genügend Zeit verstrichen, so ist die Erinnerung an Zorn, als ob wir uns der Hitze eines Feuers entsinnen: Die Erinnerung ist da, aber keine Empfindung.

Das MAHAPRAJNAPARAMITA SHASTRA sagt:

Das Überwinden von Zorn schenkt dem Geist Frieden. Überwundener Zorn führt zu einem reuelosen Geist.
Zorn ist die Wurzel der Gifte, die das Gute zerstören.
Alle Buddhas lobpreisen den, der den Zorn überwunden hat.
Wenn der Zorn überwunden ist, wird es keine Furcht mehr geben.

Das SADDHARMA SMRITI UPASTHANA SUTRA sagt, daß jemand, der den Zorn überwunden habe, von allen geliebt werde und es eine Freude sei, ihn anzusehen. Sein Geist sei ruhig, sein Antlitz rein, und jeder vertraue ihm. Wenn der Zorn erst überwunden sei, sagt das Sutra, sei es nur natürlich, daß es einem gelingen werde, Gebote einzuhalten und Angst, Leidenschaft, Kritiksucht, herzlose Rede und die Neigung, sich über sein Leben zu beschweren oder verbittert zu sein, zu beherrschen. Überwundener Zorn ist der Ursprung vieles Guten. Die Verdienste, die jenen erwachsen, die diese Untugend überwunden haben, führen zu vorteilhaften Umständen in diesem Leben und zu einer guten Wiedergeburt nach diesem Leben.

Das Mahayana Samparigraha Shastra beschreibt fünf Wege zur Überwindung von Zorn:

1. *Besinne dich darauf, daß du seit Anbeginn der Zeit mit allen Lebewesen des Universums verbunden bist.*
2. *Besinne dich auf die Vergänglichkeit des Lebens. Wer ist es, dem Leid zugefügt wird, und wer fügt dieses Leid zu?*
3. *Besinne dich darauf, daß einzig das Dharma wirklich ist und daß es so etwas wie Lebewesen nicht gibt. Wie kann im Lichte dessen so etwas wie Leid existieren?*
4. *Besinne dich darauf, daß alle Lebewesen leiden müssen. Warum sollte im Lichte dessen jemand das Leid eines anderen vermehren wollen?*
5. *Besinne dich darauf, daß alle Lebewesen deine Kinder sind. Warum solltest du einem von ihnen Leid zufügen wollen?*

Letzten Endes ist Mitgefühl die beste Vorgehensweise, um den Zorn zu überwinden. Der Bodhisattva* muß lernen, „*mitfühlend zu sein ohne bestimmten Grund und alle Wesen als Teil eines Körpers zu betrachten*".

Wenn Zorn aufkommt und du einem
anderen Wesen Leid zufügen willst,
so hast du dir bereits mehr geschadet als ihm.

Deswegen sollst du oft an Mitgefühl denken;
denn Mitgefühl schützt vor allen zornigen,
schlechten und bekümmernden Gedanken.

- aus dem SUTRA DER MEDITATION ÜBER DIE DREI BETRACHTUNGEN

Kapitel 8

Zufriedenheit

Wenn du nicht zufrieden sein kannst,
wirst du arm sein, auch wenn du reich bist.
Wenn du zufrieden sein kannst,
wirst du reich sein, auch wenn du arm bist.

- aus dem Sutra der Überlieferten Lehren

Maßlose Begierde

Begierde ist die eigentliche Fessel, die uns an die Trugbilder dieser Welt bindet. Aufgrund unserer Begierden werden wir immer wieder in eines der Sechs Reiche der Existenz* hineingeboren.

Das Mahaprajnaparamita Shastra sagt, daß Begierden von Anfang bis Ende Gefühle der Unzufriedenheit entfachen. Wenn wir anfangen, etwas zu begehren, sind wir unzufrieden, weil wir es noch nicht haben. Bekommen wir es, sind wir unzufrieden, weil es nicht unseren Erwartungen entspricht, oder weil wir nun fürchten, es wieder zu verlieren. Haben wir es verloren oder ist es uninteressant geworden, sind wir wieder unzufrieden. Wenn wir klug sind, werden wir uns vor dieser unvermeidlichen Entwicklung in acht nehmen.

Der große Dichter Su Tung-p'o sagte: „*Menschliches Verlangen ist grenzenlos und endlos, aber die Fähigkeit der Dinge, unser Verlangen zu befriedigen, ist es nicht.*"

Die Avadanas sagen: „*Selbst wenn es die sieben Schätze vom Himmel regnen würde, so könnten sie doch die Begierde nicht befriedigen.*

Begierde bereitet wenig Vergnügen und viele Schwierigkeiten. Diese Wahrheit zu erkennen, bedeutet, ein Weiser zu sein.“

Das SUTRA DER ÜBERLIEFERTEN LEHREN sagt:

Menschen mit vielen Begierden streben immer nach Gewinn,
also leiden sie und haben viele Probleme.
Menschen mit wenig Verlangen haben kein Bedürfnis,
nach Dingen zu streben,
also sind sie friedvoll und bar vieler Probleme.

Wenn die Sutras auf diese Weise von Begierden sprechen, reden sie vom Verlangen nach Dingen, die wir nicht brauchen. Das Verlangen nach einem Schluck Wasser, wenn wir durstig sind, wird uns nicht an diese Welt binden. Das Verlangen hingegen, einen Swimmingpool zu besitzen und am Beckenrand ein Glas Limonade zu schlürfen, wenn wir durstig sind, wird uns allerdings an diese Welt fesseln.

Zufriedensein mit dem, was wir haben

Zufriedensein mit dem, was wir haben, ist ein sehr wichtiger Ausgangspunkt für das erfolgreiche Ausüben des Buddhismus. Wir sollten das, was wir besitzen, mit einer mehr oder weniger leidenschaftslosen Zufriedenheit betrachten. Unser Besitz sollte nicht dazu führen, daß wir Scham, Schuld oder Verlangen empfinden. Wenn wir ein echtes Bedürfnis haben, etwas zu erwerben, das wir nicht besitzen, sollten wir diesem Bedürfnis wohlüberlegt nachgehen, ohne das Gefühl, alles auf der Stelle und ohne Verzögerung haben zu müssen.

Bedürfnisse sollten nicht mit Begierden verwechselt werden. Sind unsere Grundbedürfnisse einmal erfüllt, sollten wir unserem Bewußtsein ermöglichen, in der Herrlichkeit des Daseins und der Schönheit des Dharmas* frei umherzuschweifen. Belaste dich nicht mit unnötigem Verlangen, das dich nur von der Wahrheit fernhalten wird. Der Hauptinteressenbereich eines Buddhisten ist der Geist und nicht die gegenständliche Welt.

Das BODHISATTVA GOCHAROPAYA VISAYA VIKURVANA NIRDESHA SUTRA sagt:

Habgierige Menschen versuchen ständig, Dinge anzuhäufen und sind selbst dann nicht zufrieden, wenn sie sie bekommen haben. Ihr Denken ist verwirrt und voller Verblendung und bringt sie dazu, andere auszunutzen und ständig darüber nachzudenken, wie sie sich Vorteile verschaffen könnten. Ihr Verhalten erzeugt Abneigung und Zorn in diesem Leben, und wenn sie sterben, werden sie in den schlechten Reichen wiedergeboren. Die Weisen erkennen diese Auswirkungen und lernen deshalb, mit dem zufrieden zu sein, was sie haben.*

In den AVADANAS heißt es: „*Zufrieden sein können ist das höchste Glück.*"

Das SUTRA DER ACHT ERKENNTNISSE DES BODHISATTVA sagt:

Ein Geist, der nicht zufrieden sein kann sondern immer mehr will, vermehrt nur sein Unglück und seine Schwierigkeiten. Der Bodhisattva ist nicht so. Der Bodhisattva weiß zufrieden zu sein; er ist erhaben in Armut und imstande, den Pfad zu schätzen. Sein einziges Verlangen ist es, weise zu werden.

Die Welt des Zufriedenen

Unser Geist ist die Welt. Wenn unser Geist fähig ist, in allen Situationen ein Gefühl der Zulänglichkeit zu empfinden, sind wir frei. Jenseits von Gegensätzen, jenseits von Gier, jenseits des Verlangens, das uns nur zu einer tieferen Verstrickung in die Verblendung nötigt, ruht der Geist, der zufrieden sein kann, in der Freiheit der vollkommenen Wahrheit. Solch ein Geist muß keine Vergleiche anstellen, er ist nicht berechnend, er leidet nicht und erfährt keinen Schmerz. Wenn der Geist diesen Zustand erreicht, so erkennt er, daß ihm alles im Universum schon gehört: die Vögel, die Blumen, die Sterne am Himmel, das Plätschern fließenden Wassers – all das ist der Geist, und all das gehört dem Geist. Wo bleibt dann das Bedürfnis nach Besitztümern und wo die Gier?

Yen Hui, ein nicht zu erschütternder Schüler von Konfuzius*, wurde von seinem Meister als ein Mensch beschrieben, der „in einer schäbigen Unterkunft gelebt hat, mit einfachem Essen und Trinken, in einem Zustand, den die meisten Menschen verachten würden, und doch war er voller Freude".

Mahakashyapa, ein Schüler Buddhas, hat als Teil seiner Askese jahrelang auf abgeschiedenen Friedhöfen gelebt; und doch hatte er niemals das Gefühl, daß er litt oder daß es ihm in seinem Leben an etwas mangelte.

Der japanische Zen-Meister Ryokan (1758-1831) lebte *„mit ein wenig Getreide in einem Sack und ein wenig Holz an seinem Herd"*. Trotzdem saß er *„mit gekreuzten Beinen und unbeschwert in seiner Strohhütte unter dem Regen"*. Er war immer zufrieden und wäre verblüfft gewesen von der Vorstellung, daß irgendetwas anders sein sollte, als es ist.

Heutzutage ist es schwierig, so einfach zu leben wie die Menschen der Vergangenheit, denn sie lebten in einer gemächlich voranschreitenden, landwirtschaftlichen Gesellschaft. Die moderne Gesellschaft formt sich aus komplexen technischen Errungenschaften, die ein weitaus höheres Maß an Aktivität erfordern, um allein die Grundbedürfnisse erfüllen zu können. Wenn wir auch die Lebensweise der Weisen der Vergangenheit nicht mehr nachahmen können, so können wir doch vieles von ihrem Geist lernen. Der Geist jener Menschen, wie Ryokan oder Yen Hui, war ein Geist der Hingabe, der Gemütsruhe und der tiefsten Zufriedenheit. Wir, die wir in der heutigen Zeit leben, müssen vielleicht unser Auto oder unser Haus abbezahlen und mit vielen verwickelten Faktoren jonglieren, um unsere Existenz aufrechtzuerhalten; aber wir können trotzdem auf eine Weise leben, die ein ursprüngliches Vertrauen in den Fluß des Lebens achtet und uns grundsätzlich zufrieden sein läßt mit dem, was wir haben. Wir können trotz allem mit beiden Beinen auf dem Boden und dem Kopf in der Luft leben.

Verlangen überwinden

Da Verlangen keine Zufriedenheit erzeugen kann, können wir ein Gefühl der Unzufriedenheit auch nicht mit Verlangen beseitigen. Unzufriedenheit muß mit Weisheit überwunden werden und indem wir anderen helfen. Wenn unser Geist die Angewohnheit hat, einem Verlangen nach dem anderen hinterherzujagen, müssen wir uns dazu zwingen, uns dessen bewußt zu werden und zu erkennen, was wir tun. Haben wir unsere Aufmerksamkeit einmal auf einen Bereich unseres Lebens gerichtet, so kann eine Veränderung zum Besseren nicht mehr fern sein.

Das Mahaprajnaparamita Shastra sagt, eine Möglichkeit, das Verlangen zu überwinden, sei zu erkennen, daß Begierden einen inneren Samen im Inneren und einen Auslöser von Außen benötigen. Diese beiden Bestandteile gehen Hand in Hand. Sobald wir ein unbestimmtes Verlangen empfinden, sagt das Shastra, sollten wir sowohl den inneren Samen als auch den äußeren Auslöser betrachten. Dann sollten wir bedenken, daß beide voneinander abhängig sind: Das eine kann ohne das andere nicht existieren. Haben wir dies erkannt, heißt es weiter, dann sollten wir uns sofort von beiden Faktoren befreien. Das Shastra sagt, wir sollten den Samen im Inneren entfernen und uns gleichzeitig vom äußeren Impuls abwenden.

Begierden können auch überwunden werden, indem wir ihre Auswirkungen, die ihnen innewohnende Leere, die Zeit, die wir damit verschwenden, und die Zeit, die sie uns stehlen, indem sie uns von weitaus wichtigerer Arbeit wie dem Studieren des Dharma* und unserer eigenen Weiterentwicklung abhalten, in Betracht ziehen. Wann immer wir ein Verlangen überwinden, erfahren wir eine Steigerung unserer Energie und unseres Verständnisses. Die Ebene unserer Bewußtheit erhöht sich jedesmal, wenn wir unseren Blick von einer samsarischen* Fessel abwenden.

Haben wir die oben beschriebenen Vorgehensweisen angewandt und es trotzdem nicht geschafft, unser Verlangen zu überwinden, so sollten wir unsere Bemühungen verdoppeln, anderen zu helfen. Der Bodhisattva* hilft sich selbst am besten durch seine Bereitschaft, anderen zu helfen. Wenn wir unsere Aufmerksamkeit mehr auf die Bedürfnisse anderer und weniger auf unsere eigenen Begierden richten, legen wir ein langes Stück des Weges zurück, an dessen Ende wir die irreführenden Trugbilder der Gier und des Verlangens durchschauen werden.

Wenn man nach einem Objekt der Begierde trachtet,
leidet man.
Wenn man das Objekt der Begierde bekommt,
fürchtet man, es zu verlieren.
Wenn man ein Objekt der Begierde verliert,
ist man entsetzlich verärgert.
Nicht an einem dieser Punkte
entsteht Freude.

Wenn alle Begierden solches Leid verursachen,
wie kann man sich dann davon befreien?

Man kann sich von Begierden befreien,
indem man die Freuden des Samadhi kennenlernt,*
die man in tiefer Meditation findet.
- aus dem Mahaprajnaparamita Shastra

Kapitel 9

Vom Übel

Das Übel entspringt dem Geist;
dann wendet es sich gegen den Geist
und beraubt ihn.
Das Übel ist wie Rost auf Eisen.
Langsam zerstört es die Form.
- aus dem Fo Shuo Pei Sutra

Das Mahaparinirvana Sutra sagt:
Der Geist beherrscht den Körper. Der Körper beherrscht nicht den Geist. Der Geist kann den Körper belügen, und er kann den Körper töten. Der Geist kann es vorziehen ein Arhant zu sein, oder er kann es vorziehen, im Himmel zu sein. Er kann sich entscheiden, ein Mensch zu sein, ein Tier, ein Insekt, ein wilder Vogel, oder er kann es vorziehen, in der Hölle zu sein. Der Geist kann entscheiden, ein hungriger Geist* zu sein, und er kann die Erscheinung seines Körpers wählen. Der Geist kann alles.*

Unser Geist ist fähig, uns in einem einzigen Augenblick vom Himmel in die Hölle zu befördern und wieder zurück. Der Kern des Geistes ist die Buddha-Natur.* In unserem tiefsten „Selbst" sind wir alle schon Buddhas. Durch Verunreinigungen wie Gier, Zorn und Verblendung jedoch wird unser Geist irregeführt und anstatt sich an der Befreiung in der glanzvollen Wahrheit des Tathagata* zu erfreuen, trachtet er in den Trugbildern des Samsara* nach seiner eigenen Unterdrükkung.

Sobald wir uns entschließen, unsere Verblendung zu überwinden, indem wir danach streben, unsere Buddha-Natur zu verwirklichen, können wir die Verunreinigungen überwinden, die uns an die Trugbilder binden. Ist diese Veränderung erst einmal in uns geschehen, wird der Geist unser größter Verbündeter und nicht mehr unser größter Feind sein. Anstatt uns von der Wahrheit wegzuführen, wird er uns vielmehr mit jedem Gedanken und mit allem, was wir fühlen, zu Buddha hinführen. Das ist die Freude im Buddhismus und die Freude im Erlernen des Dharma*.

Mit den guten Seiten des Geistes die schlechten besiegen

Wenn Buddha vom Geist sprach, meinte er damit alles, was Empfindungen auslöst oder auslösen kann, wie Denken, Fühlen, Wahrnehmung, Körperbewegung, Begierden, Instinkte, angeborene Veranlagungen, natürliche Neigungen und so weiter. All diese Aufgaben und Bestandteile sind im wesentlichen Funktionen und Aspekte des Geistes im Sinne der Verwendung dieses Begriffes im Buddhismus.

Unser Geist zeichnet sich durch seine Wechselhaftigkeit und seine Neigung aus, von einer Empfindung oder Idee zur nächsten zu springen. Im Geist vermengt sich Gutes mit Schlechtem, und wenn wir nicht vorsichtig sind, wird unsere Aufmerksamkeit mehr von Begeisterung geleitet als von der Wahrheit oder von dem, was zu unserem Besten ist. Buddha sagte, seine Lehren seien wie Medizin, weil sie uns vom anhaltenden Mißbrauch unseres Geistes heilen können. Buddha verglich das Dharma mit Wasser, weil es in der Lage ist, unseren Geist von Verunreinigungen zu säubern.

Das Dharma sollte unser wichtigstes Werkzeug zur Überwindung der schädlichen Neigungen des Geistes sein. Indem wir uns beständig der Weisheit des Dharma aussetzen, werden wir nach und nach lernen,

Wahrheit und Ethik in unserem Handeln höher zu bewerten als Selbsttäuschung und Nachgiebigkeit.

Das Dharma hilft uns dabei, uns den Buddha zu enthüllen, der zu allen Zeiten in uns lebt. Anzeichen der Reinheit und Vollkommenheit dieser uns innewohnenden Buddha-Natur offenbaren sich im Geist als Glaube, Moralempfinden und Bedürfnis, anderen zu helfen. Am besten lernen wir, schädliche Neigungen zu überwinden, indem wir uns von der Reinheit unseres inneren Buddhas leiten lassen. Haben wir einmal erkannt, daß Gutes tun viel besser ist, als Schlechtes tun, werden wir der uns eigenen Göttlichkeit um so mehr vertrauen. Wenn dieses Vertrauen sich dann voll entwickelt, werden sich die Gelegenheiten, in denen wir uns zu schädlichem Denken verleiten lassen, stark verringern. Das warme Leuchten des inneren Buddhas wird um so heller und wärmer, je mehr wir lernen, darauf zu vertrauen.

Das Avatamsaka Sutra spricht von zehn Eigenschaften, die der Geist eines Bodhisattva* aufweist. Wenn das gefühlsmäßige Wissen um den inneren Buddha zur vollkommenen Gewißheit geworden ist, zeigt sich der Geist von diesen zehn guten Eigenschaften durchdrungen: Hilfsbereitschaft; Mitgefühl; friedvoller Freude; Beständigkeit sowie der Fähigkeit, anderen Trost zu spenden; Achtsamkeit; der Bereitschaft, andere zu beschützen; der Fähigkeit zu spüren, daß andere Teil von einem selbst sind; der Fähigkeit zu lehren und der Fähigkeit, andere zum Guten zu führen.

Erst wenn wir erkennen, daß der Selbstbetrug und die Selbstsucht anderer Menschen ein Teil von uns selbst sind, werden wir unsere eigenen selbstsüchtigen Trugbilder überwinden können. Alle Lebewesen sind eins mit uns, und sie alle verdienen unsere größte Beachtung. Richten wir unsere Aufmerksamkeit auf andere und versuchen wir, ihnen wirklich zu helfen, so helfen wir auch uns selbst.

Den Geist nutzen, um den Zweifel zu bezwingen

Zweifel ist eine der schlimmsten Verunreinigungen. Viel Unglück geschieht nur deshalb, weil ein Mensch an einem anderen zweifelt. Wenn Freunde aneinander zweifeln, erleidet ihre Freundschaft dadurch oftmals unheilbaren Schaden. Wenn Mann und Frau aneinander zu zweifeln beginnen, wird die Kraft der Liebe und Fürsorge, die sie zusammengebracht hat, rasch schwinden. Zweifel kettet uns an unsere eigenen Fehler und verzerrt alles, was wir tun. Zweifel ist ein Gift, das jeden Gedanken verseucht, der in seinem Umfeld entsteht. Zweifel zerstört die Verständigung zwischen Menschen, da er sowohl einen selbst als auch andere unmittelbar erniedrigt.

Zweifel läßt sich wie alle Verunreinigungen überwinden, indem wir uns seiner entgegengesetzten, positiven Seite zuwenden. Wenn wir feststellen, daß wir mißtrauisch werden oder an etwas zweifeln, sollten wir unseren Geist auf Vertrauen und den festen Glauben an die Wahrheit ausrichten. Das bedeutet keinesfalls, daß wir zulassen, von anderen mißbraucht zu werden, sondern daß wir nicht durch unser ungerechtfertigtes Mißtrauen andere mißbrauchen. Entdeckst du bei dir eine Neigung, anderen zu mißtrauen, ist es sinnvoll, daran zu denken, daß deren Handeln ihr *Karma** erzeugt, und daß dein Handeln dein Karma erzeugt. Wenn ihr Verhalten wirklich schlecht ist, wird es dir nicht schaden können, wenn du vertraut hast. Wenn ihr Verhalten wirklich gut ist, wird es dir schaden, wenn du ihnen mißtraut hast.

Auf seiner tiefsten Ebene ist Vertrauen ein Bestandteil des Buddha-Geistes, der bereits weiß, daß alles genau so ist, wie es sein soll, und daß nichts, aber auch gar nichts nach unserem Eingreifen verlangt, am allerwenigsten nach unserem Zorn, unserem Mißtrauen oder unseren Zweifeln.

Die schlimmste Form des Zweifels ist der Zweifel an Buddha. Wenn wir nicht daran glauben, daß Buddha die Wahrheit gesprochen hat, werden wir das Dharma nicht erlernen und keine Fortschritte in diesem Leben machen können. Das sicherste Mittel gegen diese Art Zweifel ist, das Dharma zu studieren und es im Leben anzuwenden. Keiner, der das Dharma studiert und es in seinem Leben anwendet, wird es lange anzweifeln.

Im Mahasamnipata heißt es: *„Die größte und schönste Form der Weisheit ist es, über allen Zweifeln zu stehen."*

Das Mahaprajnaparamita Shastra sagt: *„Das Dharma ist ein riesiges Meer, in das wir durch den Glauben eintauchen und das wir mit der Kraft der Weisheit durchqueren."*

Alles Leid und alle Verunreinigung
sind nichts als Trugbilder.
Sie haben keine ihnen eigene Natur
und dauern seit undenklichen Zeiten an,
nur weil sie noch keine bedeutsame Wechselwirkung
mit dem Tathagatagharba geschaffen haben.*

- aus der Abhandlung über das Erwachen des Glaubens in das Mahayana

Den Geist von Beschränktheit und Voreingenommenheit befreien

Engstirnigkeit ist das genaue Gegenteil des Buddha-Geistes. Engstirnig zu sein, ist, wie durch das falsche Ende eines Fernrohrs zu schauen: Das Offensichtliche ist kaum mehr zu erkennen, während sich die Großartigkeit des gesamten Lebens in einer bestimmten Einzelheit verliert. Einer der besten Gründe, jeden Tag das Dharma zu studieren, ist, daß das Dharma die Fähigkeit hat, unseren Geist zu öffnen, zu weiten und auf sein größtes Leistungsvermögen auszudehnen.

Warum sich beschränken? Warum engstirnig sein, wenn wir großherzig sein können?

Das Avatamsaka Sutra vergleicht den Geist eines Bodhisattvas mit einem großen, weiten Land, das alle Wesen beherbergen und alle Lebensformen ernähren kann. Das Sutra vergleicht den Geist eines Bodhisattva auch mit einem großen Meer, das fortwährend von der noch größeren Weisheit und dem Mitgefühl aller Buddhas gespeist wird.

Unser wahrer Geist ist so weit wie der gesamte Weltraum, heller als die Sonne, und so weise wie alle Buddhas des Universums. Warum sich mit weniger zufriedengeben? Dieser Geist gehört dir. Er ist dein Erbe, und er ist der Ursprung deines Seins. Du kannst ihn nur durch willentliche Handlungen der Beschränktheit und Voreingenommenheit meiden. Das Erkennen dieser Wahrheit gepaart mit dem ernsthaften Studieren des Dharmas wird den Geist letztendlich von allen einengenden Neigungen befreien.

Das Fo Shuo Pei Sutra sagt:

Es gibt vier Arten, wie man sich in dieser Welt selbst Leid zufügen kann. Die erste ist, den Ast des eigenen Baumes abzubrechen, wenn er blüht und reichlich Früchte trägt. Die zweite ist, wie eine giftige Schlange zu sein, die sich selbst beißt. Die dritte ist, sich wie ein betrügerischer Beamter zu verhalten, der seinem eigenen Staat schadet. Die vierte ist, kein guter Mensch zu sein und somit in der Hölle wiedergeboren zu werden.

Wir können uns immer von negativen Neigungen befreien, indem wir uns ihrem positiven Gegenpol zuwenden und uns dabei des Beispiels erinnern, das uns Buddha Shakyamuni und die großen Bodhisattvas gegeben haben. Gleichzeitig ist es eine sehr gute Übung, häufig über die Vier Unermeßlichen Geisteszustände des Thatagata* zu meditieren: grenzenlose Güte, grenzenloses Mitgefühl, grenzenlose Freude und grenzenloser Gleichmut.

Bodhisattva Avalokiteshvara ist Mitgefühl.
Bodhisattva Mahasthamaprapta ist freudiger Verzicht.
Buddha Shakyamuni ist vollkommene Reinheit.
Bodhisattva Maitreya ist Bedächtigkeit.

- aus dem Sutra der Kanzel des Sechsten Patriarchen

Kapitel 10

Ein guter Ruf

Rede nicht über die Fehler anderer,
und sprich nicht über deine eigenen Tugenden.
Besinne dich weise auf das Einssein
und die Gleichheit aller Lebewesen,
und du wirst dich eines guten Rufes erfreuen.

- aus dem Sutra über die Gebote der Sechs Paramitas

Rede nicht über die Fehler anderer

Wir sollten immer versuchen, das Gute und nicht das Schlechte in anderen zu sehen. Einzig auf der samsarischen* Ebene dieser Saha-Welt* werden Verleumdung und Verurteilung von den Menschen als alles andere als nützlich angesehen. Verurteilung erzeugt nicht nur Zorn und Mißtrauen, die Auswirkungen schlechter Rede schaffen auch ein Umfeld, in dem es schwierig wird, irgend etwas Positives zu tun.

Eine negative Einstellung und übermäßige Kritik führen immer nur abwärts. Gewöhnlich überlassen sich Menschen solchen Gewohnheiten aus Eifersucht, Zorn oder aus einem Minderwertigkeitsgefühl heraus. Wenn du solch ein Verhalten bei dir bemerkst, beiße dir auf die Zunge und denke bei erster Gelegenheit über dein Benehmen nach. Wirst du dir erst einmal der gewaltigen Probleme bewußt, die durch das Verurteilen anderer entstehen, wirst du weitaus weniger anfällig dafür sein, es erneut zu tun. Nachdem ich zur Feinfühligkeit gegenüber diesem Thema geraten habe, möchte ich noch hinzufügen, daß du Überempfindlichkeit deinerseits gegenüber Kritik an dir unter allen Umständen vermeiden solltest. Das ist der Weg des Bodhisattva; wir sind sanftmütig mit anderen, was auch geschieht. Wir vergehen uns nicht an ihnen, und sollten sie sich an uns vergehen, lassen wir uns davon nicht stören.

Sprich nicht über deine eigenen Tugenden

Der Bodhisattva strebt danach, vollendet in der dem Sein eigenen Gleichheit zu leben. Er greift andere nicht an, und er ist nicht stolz auf sich selbst. Das ist Ausgeglichenheit. Das ist Gleichwertigkeit. Genauso wenig, wie wir in dem, was wir zu anderen sagen, nicht abwertend sein sollen, sollen wir uns selbst loben. Falls du irgendwelche Tugenden hast, so werden sie von anderen wahrgenommen. Laß andere dich loben, wenn es sein muß, aber lobe dich nicht selbst.

Besinne dich weise auf das Einssein und die Gleichheit aller Lebewesen

Wenn du das kannst, bist du über alles Lob und allen Tadel erhaben. Du wirst sehen, daß es so etwas wie Lob und Tadel nicht gibt. Der Blick eines Mitfühlenden kann dies erkennen, denn Mitgefühl ist die höchste Weisheit. In der Tiefe des Mitgefühls wird uns bewußt, daß es keine Unterschiede zwischen den unzähligen Lebewesen dieses riesigen Universums gibt. Der Buddha-Geist, der Bodhi-Geist* und der Geist aller Wesen ist derselbe. In diesem Bewußtsein verschmilzt alle Gegensätzlichkeit mit der allumfassenden Wahrheit. Dies ist das Bewußtsein:

Sprache ist verschwunden
Der Geist ist still
Ohne Anfang
Ohne Ende
Das ist Nirvana
Alles andere ist der
Weg der Welt.
Einzig dies ist
*der Höchste Siddhanta**

- aus dem Mahaprajnaparamita Shastra

Kapitel 11

Reue

Alle Sünde ist wie Frost auf der Erde;
sobald die Sonne der Weisheit aufgeht,
ist sie fort.
Darum müssen wir von ganzem Herzen
die Fehler unserer sechs Sinne bereuen.

\- aus dem Samantabhadrotsahana Parivarta Sutra

Alle „Sünde" ist an sich bedeutungslos

„Die Menschen sind keine Heiligen, sie können nicht ohne Sünde sein." Dieses alte Sprichwort ist ein guter Einstieg zu dieser Ausführung. Genau wie Krankheit sind auch Verstöße oder Sünden ein unumgänglicher Teil des menschlichen Lebens. Kaum ein Tag vergeht, an dem wir nichts falsch machen; die meisten von uns verstoßen fast dauernd gegen die Gebote von Körper, Rede und Geist. Ein „normales" menschliches Leben ist voller Lügen, Diebstahl, Betrug, Ausschweifung und maßloser Begierde. Selbst wenn wir lernen, unseren Körper und unsere Rede ein wenig zu beherrschen, verstoßen die meisten weiterhin gegen den tieferen Sinn der Gebote durch ungebührliche Gedanken und Gefühle wie Eifersucht, Zorn, Neid, Verbitterung oder Gier.

Diese kurze Zusammenfassung der harten Tatsachen ist nicht dazu gedacht, schlechtes Benehmen zu unterstützen! Sie soll uns vielmehr dabei helfen, eine ausgewogene und vernünftige Einschätzung des menschlichen Lebens zu erlangen. Während wir daran arbeiten, uns selbst zu verstehen und innerlich zu wachsen, laßt uns immer daran denken:

Schlechtes Karma an sich ist leer,*
lediglich ein Gebilde des Geistes.
Ist der Geist still,
ist Sünde vergessen.
Ist der Geist vergessen
und die Sünde still, dann
haben beide Leere erlangt;
und das ist, was man
wahre Reue nennt.

- aus dem Avatamsaka Sutra

Mensch sein heißt sich irren. Haben wir uns geirrt, müssen wir versuchen, uns zu bessern und nicht den selben Fehler noch einmal zu machen. Wir müssen Verstöße erkennen und für sie einstehen, doch wir sollten nicht darin schwelgen und uns den Kopf darüber zerbrechen. Die Verstöße, die wir hinter uns lassen, sind wie Markierungspfosten, die unseren Fortschritt anzeigen.

Das Avatamsaka Sutra sagt:
Alles schlechte Karma, das ich erschuf
in der Vergangenheit,
entstand durch Gier, Zorn oder Verblendung,
die keinen Anfang kennen.
Es ward geboren aus Taten des Körpers,
der Rede oder des Geistes.
Und jetzt bereue ich alles.

Die Bedeutung der Reue

Reue ist ein wichtiger Teil der buddhistischen Lebensführung. Zen-Meister sagen oft: *„Fürchte nicht das Erscheinen des Gedankens; fürchte die versäumte Betrachtung des Gedankens.“*

„Betrachtung des Gedankens“ bedeutet Selbstbeobachtung oder Vertiefung in die Arbeitsweise unseres eigenen Geistes. Dieser Ausspruch will sagen, daß wir niemals einen Gedanken fürchten sollten; was wir fürchten sollen, ist, einen schädlichen Gedanken zu pflegen oder, noch schlimmer, einen solchen in die Tat umzusetzen. Gedanken strömen ununterbrochen durch unseren Geist. Ein Buddhist sollte einen Gedanken niemals fürchten, weil alle Gedanken leer sind.

„Betrachtung des Gedankens“ oder beharrliches Nachdenken über unsere Gedanken ist ein wichtiger Akt der Reue. Ein weiser Bodhisattva weiß, daß die Zukunft in der Gegenwart geschaffen wird. Er weiß, daß karmische* Vergeltung durch böse Absichten hervorgerufen wird. Indem er seine Gedanken ständig beobachtet, befreit er sich von der Schwäche, die es ungebührlichen Gedanken gestattet, sich zu den Dämonen böser Absicht auszuwachsen. Die Betrachtung der Gedanken ist wesentlich für das erfolgreiche Ausüben des Buddhismus.

Im Chinesischen ist das Wort Reue *(ch'an-hui)* eine Verbindung zweier Worte. Die umfassendere Bedeutung dieser Verknüpfung kann im Deutschen mit „Reumütigkeit-Bedauern“ wiedergegeben werden. Sowohl im Deutschen als auch im Chinesischen besteht zwischen diesen beiden Worten ein feiner jedoch wesentlicher Unterschied. „Reumütigkeit“ betont den Zustand des Geistes von jemandem, der sich seinen Verstoß absolut eingesteht und entschlossen ist, ihn nicht zu wiederholen. „Bedauern“ betont den Wandel des Geistes und das Fassen des Entschlusses, den Verstoß nicht zu wiederholen.

Im SUTRA DER KANZEL DES SECHSTEN PATRIARCHEN steht:

Wenn man reumütig ist, bereut man seine Verstöße. Man bereut

die Ursachen schlechten Karmas. Man bereut seine Verblendung und Verwirrtheit, seinen Hochmut, seinen Neid, seine Eifersucht, und alles andere, das man fälschlicherweise getan hat. Hat man all seine Verstöße in allen Einzelheiten zutiefst bereut und ist man darüber hinaus, sie jemals wieder zu begehen, dann nennt man dies Reumütigkeit.
Wenn man etwas bedauert, ist man erwacht. Man ist entschlossen, die Verstöße der Vergangenheit niemals zu wiederholen. Man ist entschlossen, sich von allen Auslösern schlechten Karmas zu befreien, von Verblendung und Verwirrtheit, von Hochmut, von Neid, von Eifersucht und allem anderen, das man fälschlicherweise getan hat. Ist man entschlossen, sich von allen Verstößen vollkommen zu befreien, dann kann man von sich sagen, daß man bedauert.
Dies ist die Bedeutung von Reumütigkeit-Bedauern (ch'an-hui).

Es ist ausgesprochen wichtig zu verstehen, daß der Buddhismus sein Augenmerk nicht auf Fehler richtet oder darauf aus ist, bei den Menschen Schuldgefühle wegen ihrer Fehler hervorzurufen. Fehler müssen erkannt werden, und sie müssen bereut werden. Haben wir einmal für sie eingestanden, sollten wir uns nicht mehr den Kopf darüber zerbrechen. Übertriebene Schuldgefühle und Gewissensbisse sind genauso samsarische* Fesseln wie Gier und Eifersucht.

Reumütigkeit ist im Buddhismus von zentraler Bedeutung, denn sie ist der eigentliche Kern der geistigen und gefühlsmäßigen Veränderung, der sich zu unterziehen, alle Buddhisten bereit sein müssen. Ohne Reumütigkeit und Beschämung werden wir anmaßend, und unser Wachstum wird voller Umwege sein. Ausgleichend sei jedoch hinzugefügt, daß Reumütigkeit kein trübsinniges, selbstquälerisches Schuldgefühl ist, das uns über Jahre hinweg wie ein Schatten verfolgt. Letztendlich ist alles leer. Wir lernen und wachsen, indem wir unsere Fehler erkennen und weitergehen.

Reumütigkeit ist wie das Wasser des Dharma*, denn sie reinigt uns. Sie ist wie ein Floß, denn sie kann uns zum anderen Ufer tragen. Reumütigkeit ist wie Medizin, denn sie kann uns von unseren Erkrankungen heilen. Sie ist wie ein Licht in der Dunkelheit, denn sie kann uns den Weg erhellen, auf dem wir vorher überhaupt nichts sehen konnten. Reumütigkeit ist wie die Mauer, die eine Stadt umgibt, denn sie schützt unseren Geist und unsere Sinne vor den Übergriffen der Banditen Verlangen und Gier. Reumütigkeit ist wie eine Brücke, denn sie hilft uns, über unsere Schwierigkeiten hinwegzugehen und den buddhistischen Pfad vergleichsweise mühelos zu betreten. Reumütigkeit ist wie ein wunderschönes Ornament, das schmücken kann und den Bodhi-Pfad noch herrlicher erscheinen läßt.

Das Sutra in Zweiundvierzig Abschnitten sagt: „*Gibt es Übel, so muß es erkannt werden. Ist das Übel einmal bereinigt, wird das Gute das Ergebnis sein. In dem Maße, wie Übel verringert wird, wird man die Wahrheit erkennen.*"

Das Ts'ai Ken Tan sagt: „*Selbst der größte Verstoß kann bereut werden.*"

Im Fünfteiligen Vinaya sagt Buddha: „*Im Praktizieren meines Dharma wird das Erkennen von Verstößen und das Bereuen derselben zu einer Vermehrung des Guten führen.*"

Mit dieser Aussage meint Buddha, daß Reue nicht nur das schlechte Karma vermindert, das durch unsere Verstöße erzeugt wird, sondern auch unser ursprüngliches Gutsein stärkt.

Anleitung zur Reue

In den buddhistischen Sutras werden viele verschiedene Formen der Reue erwähnt. Das Samantabhadrotsahana Parivarta Sutra sagt:

Du sollst die Taten deines Körpers und deines Geistes bereuen. Des Körpers: Bereue Handlungen des Tötens, des Diebstahls und der Maßlosigkeit. Des Geistes: Bereue alle bösen Gedanken, die zehn üblen Taten und die fünf teuflischen Akte. Der Geist ist wie ein wilder Affe. Oder er ist wie Leim, weil er durch seine Gier und das Handeln der sechs Sinne an allem festklebt. Die Wurzeln der sechs Sinne erzeugen die Äste und Blätter, die durch alle drei Reiche wuchern. Die Wurzeln der sechs Sinne erzeugen Verblendung, Alter und Tod. Sie erzeugen den Kreislauf von Geburt und Tod und alle Arten von Armut und Nöten. Du sollst die Handlungen deines Körpers und deines Geistes bereuen.*

Das Samantabhadrotsahana Parivarta Sutra nennt sechs Mittel, die wahre Reue für die Dauer unseres Lebens gewährleisten. Es sind:

1. *Reumütige Augen haben*: Das Übel beginnt oftmals im Auge. Zuerst sehen wir etwas, dann entstehen ungebührliche Gedanken. Indem wir uns und unsere Reaktionen auf das Gesehene beobachten, können wir nach und nach Kontrolle über diese besonders schwerwiegende Quelle schlechten Verhaltens erlangen. Indem wir auf die Gedanken achten, die durch unsere Wahrnehmung entstehen, können wir vermeiden, eine Menge schlechtes *Karma** zu erzeugen.
2. *Reumütige Ohren haben*: Die Ohren können eine Quelle der Wahrnehmung vieler unangenehmer und beunruhigender Geräusche sein. Manche Geräusche besitzen die Kraft, unangemessenes Verhalten oder unangemessene Gedanken zu fördern. Wenn wir uns von derartigen Lauten gestört fühlen, ist es ratsam, sich der ihnen innewohnenden Leere zu besinnen. Geräusche sind ein guter Zugang zum Verständnis der Leere, weil sie so offenkundig vergänglich und körperlos sind.

3. *Eine reumütige Nase haben*: Unser körperlicher Appetit wird häufig durch Gerüche angeregt. Wenn wir Gefahr laufen, uns von Gerüchen zu Völlerei oder Maßlosigkeit verleiten zu lassen, sollten wir innehalten und bedenken, daß unser Geist wie der Instinkt eines Tieres geleitet wird – gedankenlos und ohne irgendwelche Folgen zu erwägen.
4. *Eine reumütige Zunge haben*: Unsere Zunge ist eines der zielgenauesten Mittel, die wir haben, um uns auszudrücken. Zugleich kann die Macht der Zunge sich aber auch dem Bösen zuwenden. Das meiste schlechte Karma wird durch Worte hervorgerufen. Hüte deine Zunge sorgfältig und sorge dafür, daß du sie immer geleitet von Mitgefühl und Verstand einsetzt.
5. *Einen reumütigen Geist haben*: Die Hauptaktivität des ungezähmten Geistes ist so wild und wirr wie ein betrunkener Affe. Ohne Beweggrund springt er von hier nach da und vergißt, wo er hergekommen ist, noch ehe er ankommt. Wollen wir unseren Geist beherrschen, müssen wir uns auf Buddha besinnen und unentwegt sein Dharma erforschen. Fortwährende, genaue Betrachtung der Arbeitsweise des Geistes ist im Buddhismus eine für das Wachstum unentbehrliche Vorgehensweise.
6. *Einen reumütigen Körper haben*: All die Versuchungen und Begierden im Leben spielen sich im Körper ab. Ihr Ursprung ist der Geist, aber ihr Mittel ist der Körper. Ist es uns mißlungen, unseren Geist zu beherrschen, so wird sich unser Körper in die falsche Richtung bewegen; wir werden kurz davor sein, etwas Falsches zu tun. Halte dort inne. Es ist noch nicht zu spät. Der Geist hat die Führung, und in diesem letzten Augenblick, bevor ein Verstoß begangen wird, kann er den Körper immer noch zurückhalten. Mit der Zeit wirst du erkennen, wie viel besser es gewesen ist, daß du innegehalten hast.

Besinnung, Meditation und das Rezitieren von Sutras sind ausgezeichnete Mittel, um die Kraft und Fähigkeit des Geistes zu stärken, sich selbst zu beobachten und zu beherrschen. Alles im Buddhismus arbeitet zusammen, um uns beim Vorankommen zu helfen. In dem Moment, in dem du beschließt, dich zum Besseren zu ändern, steht dir das gesamte Dharma zur Seite.

Reumütigkeit und Bedauern befreien uns von unseren niederen Trieben und helfen uns, zu den höchsten Ebenen der Bewußtheit zu gelangen.

Unsere bösen Taten der Vergangenheit
sind wie Wolken, die den Mond verhüllen.
Der Entschluß, sich zu ändern,
ist wie eine Fackel in der Dunkelheit.

- aus dem ADBHUTADHARMA SUTRA

Kapitel 12

Das Dharma hören

Als Ananda Buddha sah,*
warf er sich ihm zu Füßen und weinte.
Und er verspürte unendliche Reue,
und ein unermeßliches Begehren,
das Dharma zu hören,
denn er wußte, daß sein Verstehen
noch nicht vollendet war.

- aus dem Shurtangama Sutra

Wir können das Dharma* nicht wirklich erlernen, solange wir es nicht hören, darüber lesen und es sehr oft studieren. Selbst Ananda, der Buddha öfter als jeder andere sprechen hörte, sehnte sich nach dem Dharma. Sein Begehren zu lernen war so groß, daß es ihn beim Anblick seines Meisters zum Weinen brachte.

Wenn Ananda selbst so empfinden konnte, wie sollen dann heutzutage jene unter uns, die sich Buddhisten nennen, über das Dharma denken? Sollten wir uns nicht jeden Tag neu der Kostbarkeit bewußt werden, die uns vermacht worden ist? Und sollten wir uns dem Dharma nicht jeden Tag zuwenden, um zu lernen? Stelle dir nur für einen Moment eine Welt ohne Dharma vor.

Alle praktizierenden Buddhisten sollten täglich wenigstens ein bißchen Zeit damit verbringen, über das Dharma zu lesen oder jemandem zuzuhören, der über das Dharma spricht. Die im Dharma enthaltenen Ebenen der Bedeutung sind wahrhaftig voller Wunder, und niemand wird je in der Lage sein, sie wirklich zu erkennen und zu schätzen, ohne immer wieder die buddhistische Literatur zu studieren. Wir können nicht erwarten voranzukommen, wenn wir uns nicht fortwährend der unermeßlichen Weisheit der Lehre Buddhas aussetzen.

Also habe ich gehört

Alle Buddhistischen Sutras beginnen mit dem Einleitungssatz: „*Also habe ich gehört*“. Die Übung „das Dharma hören“ hat ihren Namen aus den Anfangszeiten des Buddhismus, als die Lehren Buddhas mündlich weitergegeben wurden. Damals konnte man das Dharma nur lernen, indem man jemandem zuhörte, der aus dem Gedächtnis darüber sprach. Gebrauchen wir heutzutage die Redewendung „das Dharma hören“, sollten wir die Bedeutung auch auf das Lesen beziehen, auf das Anschauen von Filmen über Buddhismus oder das Ausüben anderer Tätigkeiten, die ein vermehrtes Verständnis des Dharma fördern.

So wie eine Pflanze Wasser und Sonnenlicht zum Wachsen braucht, so muß sich der den Buddhismus Praktizierende regelmäßig und beständig dem Dharma aussetzen, um sich zu entwickeln. Es kann im Buddhismus kein Wachstum stattfinden, wenn wir dem Dharma nicht mehr zuhören und nicht ständig versuchen, immer tiefere Bedeutungen darin zu finden. Selbst die größten Bodhisattvas* hören unentwegt das Dharma.

Und sogar Geister können Nutzen daraus ziehen, das Dharma zu hören. Im Samyukta Agama gibt es eine Geschichte über eine Begebenheit, bei der Buddha einer Familie von Geistern das Dharma predigte. Zwei junge Geister waren so berührt von diesem Erlebnis, daß sie weinten. Ihre Mutter, die auch anwesend war, sagte zu ihnen: „*Seit ich das Dharma gehört habe, bin ich mir seiner Wahrheit bewußt. Wenn ihr einfach dasselbe tut, werdet auch ihr seine Wahrheit erkennen.*“

Im Mahaparinirvana Sutra sagt Buddha:

Was bedeutet ungenügendes Hören (des Dharma)?

Der Tathagata predigt zwölf Arten von Sutras; hörst du nur sechs davon und überhörst die anderen sechs, wäre das ungenügendes Hören. Und selbst wenn du sechs dieser Sutras praktizieren würdest, jedoch unfähig wärst, sie zu rezitieren oder sie anderen zu erläutern, so wäre auch dies ungenügendes Hören, denn dein Verstehen würde weder dir noch irgend einem anderen etwas nützen.*

Würdest du außerdem diese sechs Sutras ausschließlich als Abhandlungen betrachten oder sie nur dazu verwenden, um besser zu erscheinen als andere, würdest du sie lediglich zugunsten weltlicher Belange nutzen, oder sie gar eifersüchtig hüten, dann wäre – auch wenn du sie rezitieren und erläutern könntest – dein Hören trotz allem ungenügend.

Gute Mönche, die Sutras enthalten vollkommene Lehren, die einzig durch vollkommenes Hören erlernt werden können.

Wahres, tiefes Verstehen gründet auf dem, was wir tun, und auf der Art und Weise, wie wir uns selbst überprüfen. Unser Wachstum wird gewährleistet sein, wenn wir immer wieder das Dharma studieren. Gestatten wir uns, mit dem Lernen aufzuhören, so wird unser Verstehen verknöchern, während unsere Fähigkeit, das Dharma zu leben, nachläßt.

Das Dharma ist wie Wasser. Es kann uns reinwaschen, aber wir müssen es oft benutzen.

Demut

Wirkliches Hören erfordert Empfänglichkeit, und wahre Empfänglichkeit erfordert Demut. Wenn wir mit der Vorstellung ansetzen, schon alles zu wissen, was Buddha sagt, werden wir kaum etwas von ihm lernen können. Sind wir demütig, während wir das Dharma lesen, so werden wir feststellen, daß ein Textabschnitt, der gestern noch jene Bedeutung hatte, heute plötzlich eine völlig neue Ebene der Bedeutung enthüllt. Buddhas Lehren werden durch Worte übertragen, aber ihre Bedeutung liegt weitaus tiefer als alles, was Worte jemals ausdrücken können. Darum ist das Dharma in der Lage, immer tiefere Ebenen der Bedeutung zu enthüllen.

Die Zen-Schriften erzählen folgende Geschichte über die Bedeutung, die es hat, Demut zu empfinden, wann immer wir dem Dharma zuhören:

> *Ein gelehrter Mann kam einmal zum Zen-Meister Nan Yin und bat ihn, ihm den Zen-Buddhismus zu erläutern. Meister Nan Yin stellte eine Tasse auf den Tisch und begann Tee einzuschenken. Er hörte nicht auf einzugießen, bis die Tasse überfloß. Der gelehrte Mann sagte: „Meister, die Tasse ist schon voll." Meister Nan Yin sah ihn an und sagte: „Du bist genauso wie diese Tasse, nur daß du voller vorgefaßter Meinungen und Vorstellungen steckst. Wenn du Zen erlernen willst, mußt du zuerst deinen Geist von allen vorgefaßten Meinungen entleeren."*

Die Verdienste durch das Hören des Dharma

Das SADDHARMA SMRITI UPASTHANA SUTRA nennt zweiunddreißig Verdienste, die wir durch das Hören des Dharmas erlangen können:

> *Wenn ein Meister das Dharma predigt, ist er seinen Zuhörern wie ein Vater, und er ist wie eine Brücke über den Fluß von*

Geburt und Tod. Wenn man hört, was man nie zuvor gehört hat, erlangt man neue Erkenntnisse. Wenn man Wissen besitzt, kann man über das Erlernte nachdenken. Hat man einmal begonnen, über das Erlernte nachzudenken, übt man sich wahrhaftig in der Entwicklung seiner selbst. Hat man mit dieser Entwicklung begonnen, wird man in Frieden verweilen. Verweilt man in Frieden, kann man anderen von Nutzen sein. Dann kann ein nützlicher Austausch untereinander beginnen. Wenn man in Frieden verweilen kann, wird selbst Entbehrung nicht unangenehm erscheinen.

Wenn man das Dharma hört, werden die Wurzeln des Guten auch dort zu wachsen beginnen, wo sie vorher nicht gewachsen sind. Meditiert man über das, was man gelernt hat, so wird man auf die Befreiung vorbereitet sein.

Dem Dharma zuhören kann Menschen mit verdorbenen Ansichten dazu bringen, ihre Einstellung zum Guten zu ändern, und dem Dharma zuhören kann Menschen helfen, schädliche Gedanken zu zerstören, wann immer sie aufkommen. Das Dharma hören vermehrt das Gute des Geistes und befreit einen von verwerflichen geistigen Antrieben und Zuständen. Das Dharma hören bewahrt einen vor Zerstreutheit und Durcheinander in seinen Handlungen. Das Dharma hören führt einen in Gesellschaft guter Menschen und bringt von Selbstsucht und Falschheit ab. Das Dharma hören regt dazu an, für seine Eltern zu sorgen und an das Karma zu glauben. Es zeigt einem auch, wie man ein langes Leben führen kann.

Das Dharma hören führt dazu, von anderen gepriesen und von himmlischen Wesen beschützt zu werden, und es läßt die tiefsten Wünsche in Erfüllung gehen. Dem Dharma zuhören bringt all die Freuden des Dharma und bewahrt vor Bequemlichkeit und Faul-

heit. Das Dharma hören bewirkt, daß man schnell voranschreitet, daß man Dankbarkeit versteht, und daß man häufig über die Bedeutung des Todes nachdenkt. Wenn man das Dharma oft gehört hat, wird man sich zum Zeitpunkt seines Todes nicht am Leben festklammern oder bereuen, was man getan hat. Letztendlich wird das Hören des Dharma ins Nirvana führen.

Die richtige Einstellung

Es ist wichtig, die richtige Einstellung zu haben, wenn wir das Dharma hören. Wann immer wir die Ehre haben, das Dharma zu hören, sollten wir uns glücklich schätzen und gleichzeitig danach streben, respektvoll, empfänglich, ernsthaft und aufmerksam zu sein.

Meister Yin Hsun schlägt vor, uns selbst als einen Patienten zu sehen, dessen Krankheit nur vom Dharma geheilt werden kann. In diesem Sinne sollten wir Buddha als den Arzt betrachten und das Dharma als Medizin. Buddha gibt uns die richtige Medizin zu unserer Heilung, aber wir selbst müssen dafür sorgen, sie einzunehmen. Tun wir das nicht, kann sie uns natürlich auch nicht heilen.

Wenn wir das Dharma hören, müssen wir uns sammeln und achtgeben, daß nicht bestimmte Vorstellungen die Botschaft Buddhas daran hindern, unseren Geist gänzlich zu durchdringen. Unser Ziel beim Hören des Dharma muß das Lernen sein. Wenn wir glauben, bereits alles zu wissen, was Buddha sagen wird, oder wenn wir meinen, mehr zu wissen als Buddha, so haben wir nicht die richtige Geisteshaltung, um aus seinen Lehren Nutzen ziehen zu können. Selbst wenn wir glauben, einige Bestandteile des Dharma wirklich verstanden zu haben, müssen wir unseren Geist immer offenhalten, damit wir noch höhere Ebenen des Verstehens erreichen können. Solange nicht vollkommene Buddhaschaft erlangt ist, kann der Lernprozeß nicht beendet sein.

Ein menschlicher Körper ist schwer zu erlangen,
aber nun haben wir ihn.
Man bekommt schwerlich die Gelegenheit
das Dharma zu hören,
aber heute haben wir es gehört.
Praktizieren wir es nicht in diesem Leben,
in welchem Leben werden wir
dann endlich damit anfangen?
- aus den Agamas

Kapitel 13

Stetiger Fortschritt

Wenn du dich beständig übst,
morgens und abends, sommers und winters,
dann gibt es nichts, was du nicht tun kannst,
und nichts, was dir schaden kann.
- aus dem Upasakashila Sutra

Beständiges Üben ist wichtig

Trägheit und Furcht vor Arbeit werden dich in Schwierigkeiten bringen, egal wo sie auftauchen. Trägheit ist eine ursprüngliche, tierhafte Schwäche, die bekämpft werden muß, sobald sie auftaucht. Wenn du einmal zugelassen hast, daß du träge warst, wird es dir schwerfallen, noch irgend etwas zustandezubringen. Furcht vor oder Abneigung gegen Arbeit führen zu einer Schwäche des Geistes, die versucht, schnellen Gewinn zu erzielen oder die Arbeit anderer auszunutzen. Du magst durch das Vermeiden von Arbeit in der samsarischen* Welt zwar ab und an ein Bein auf den Boden kriegen, aber letztendlich wirst du dir selbst großen Schaden zufügen. Diese Welt ist der einzige Ort, den wir haben, um Buddhismus auszuüben. Übst du dich nicht zu jeder Zeit und in allem was du tust, so praktizierst du Buddhismus nicht wirklich sondern spielst nur damit herum.

Manchmal ist es gut, die Anforderungen der buddhistischen Lebensführung hervorzuheben. Laßt uns aber auch daran denken, daß jeder Gewinn, den wir durch das Verstehen des Buddhismus erzielen, die darauf verwendete Mühe zehnfach zurückzahlt.

Buddhismus wird dort ausgeübt, wo der Geist auf das Leben trifft – er wird vom Geist praktiziert, denn der Geist wird vom Leben angeregt , und er wird im Leben angewendet, durch das der Geist alles lernt, was er weiß. Wir dürfen es nicht zulassen, daß wir in unserem Üben unaufmerksam, unehrlich oder träge werden. Wir haben alle viel zu lernen, und keiner von uns wird zum Ziel gelangen, ohne immer wieder Energie in die Aufgabe zu investieren.

Das Sutra der Überlieferten Lehren sagt:

> *Wenn du dich stets um deinen Fortschritt bemühst, wirst du feststellen, daß nichts zu schwierig ist. Der Grund dafür ist, daß stetes Bemühen wie Wasser ist; es kann sogar Stein schneiden. Wenn du andererseits deinem Bemühen um Fortschritt häufig entsagst, wirst du nirgendwo hingelangen. Du wirst sein wie jemand, der versucht, ein Feuer zu entfachen, indem er zwei Stöcke aneinander reibt, der aber aufhört, bevor das Holz sich erhitzt. Du magst die Absicht haben, ein Feuer zu entfachen, aber es wird dir niemals gelingen.*

Das Mahaprajnaparamita Shastra sagt: „*Steter Fortschritt ist der Ursprung alles Guten. Er gebiert alle guten Übungen des Dharmas, die uns letztlich zu* Anuttara-Samyak-Sambhodi* *(der höchsten Erleuchtung) führen.*“

Steter Fortschritt beruht auf Entschlossenheit. Die Abhandlung über das Erwachen des Glaubens in das Mahayana sagt: „*Im Grossen und Ganzen gibt es drei Arten von Entschlossenheit: Entschlossenheit, die dem Glauben entspringt; Entschlossenheit, die dem Verstehen und der Übung entspringt; und Entschlossenheit, die erprobter Erkenntnis entspringt.*“

Was ist Fortschritt?

Fortschritt im Buddhismus ist nicht etwas, das im weltlichen Sinne bewertet oder bestimmt werden kann. Der Fortschritt in dieser Welt und der Fortschritt im Buddhismus können nicht miteinander verglichen werden. Um zügig und mit so wenig Ablenkung wie möglich voranzukommen, sollte ein Buddhist immer darauf achten, was er tut, und nicht darauf, was er bekommt oder wie andere ihn behandeln.

Das Yogacharabhumi Shastra erkennt fünf grundlegende Stufen des Fortschritts im Buddhismus:

1. Die „*Stufe der Beschütztheit*", in der das Bestreben, im Buddhismus voranzukommen, erstmals auftritt. Diese Stufe wird so genannt, weil der Übende darauf achten muß, sich vor Versuchungen und Verfehlungen zu schützen.
2. Die „*Stufe der Steigerung*", während der der Übende seinen Entschluß bestärkt und beginnt, Gelübde abzulegen.
3. Die „*Stufe der Selbstachtung*", in der der Übende von der Richtigkeit des gewählten Wegs überzeugt ist und sich nicht darum sorgt, was andere über ihn sagen mögen.
4. Die „*Stufe der Unabhängigkeit*", in der der Übende fähig ist, steten Fortschritt zu machen, egal in welcher Situation er sich befindet.
5. Die „*Stufe der Unzulänglichkeit*", während der der Übende erkennt, daß er sich seiner Übung mit Leib und Seele hingeben muß, und daß alles andere ungenügend wäre.

Fortschritt kann auch gemessen werden, indem wir die Zweiundfünfzig Stufen des Bodhi-Pfades* zu Rate ziehen, oder die Siebenunddreißig Bedingungen, die zur Buddhaschaft führen. Eine gute Beschreibung der Siebenunddreißig Bedingungen ist in den Agamas zu finden, die Beschreibung der Zweiundfünfzig Stufen im Avatamsaka Sutra.

Letzten Endes bietet Mitgefühl das sicherste Maß und die wertvollste Führung für alle buddhistischen Übungen. Mitgefühl allein ist schon die höchste Achtsamkeit und die beste Übung. Wenn du wachsendes Mitgefühl oder ein Wachstum in Richtung Mitgefühl wahrnimmst, so kannst du dir sicher sein, daß du auf dem Pfad zur Erleuchtung voranschreitest.

Keinen Gedanken an den Körper verschwendend
und gefestigt in Weisheit und im Geist,
stetig voranschreitend im Dharma,
wird der Übende spüren,
daß er sein Ziel erreicht,
und daß ihn nichts daran hindern kann.

- aus dem Mahaprajnaparamita Shastra

Kapitel 14

Lebensführung

Wenn dein Geist ausgeglichen ist,
wozu bedarf es der Arbeit an der Moral?
Wenn dein Verhalten tadellos ist,
was nützt dir Meditation?
Wenn du verstehst, was Erbarmen ist,
wirst du von allein für deine Eltern sorgen.
Wenn du weißt, was religiöses Verhalten ist,
dann wird die ganze Welt in Ordnung sein.

- aus dem SUTRA DER KANZEL DES SECHSTEN PATRIARCHEN

Ein ausgeglichener Geist

Geistige Ausgeglichenheit entsteht aus dem Verstehen, daß Selbstachtung eine natürliche Folge der Achtung für andere ist. Wenn wir andere achten können, sind wir auch fähig, uns selbst zu achten. Können wir uns selbst achten, werden wir selten ängstlich oder mißmutig sein; unser Geist wird ausgeglichen sein, und uns ethisch einwandfrei zu verhalten, wird uns mühelos erscheinen. Darauf beruhen Hui Nengs obenstehende Aussagen im SUTRA DER KANZEL DES SECHSTEN PATRIARCHEN.

Ein weiterer Beweggrund für seine Ausführungen ist, daß er uns damit helfen will, uns vom Druck moralischen Pflichtempfindens zu befreien. Viele Menschen glauben, eine ethische Lebensweise müsse bedrückend oder beengend sein, weil sie es sich nur als erhebliche Einschränkung ihrer Freiheit vorstellen können. Sich zu ethischem Verhalten zu verpflichten, fühlt sich für solche Menschen an, als ob sie einen unerwünschten Vertrag unterschreiben würden.

Nichts liegt der Wahrheit ferner. Ethik ist der einzige Weg zu wirklicher Befreiung. Wenn wir das verstehen, werden wir erkennen, daß die von Buddha gelehrten ethischen Gebote der Schlüssel zu unserer Befreiung sind. Dieser Schlüssel sperrt uns nicht in eine enge Gefängniszelle ein, er befreit uns aus einer solchen. Haben wir uns einmal von den Fesseln der Verblendung befreit, erlangen wir eine geistige Ausgeglichenheit, die das Befolgen ethischer Gebote nahezu überflüssig macht.

Tadelloses Verhalten

Das Ziel von Meditation ist, den Geist zur Ruhe kommen zu lassen und es ihm zu ermöglichen, sich selbst genau zu betrachten. Ein von Verblendung und Selbstsucht geprägter Geist mag aus Meditation einen gewissen Nutzen ziehen, aber niemand kann im Verstehen des Geistes durch Meditation wirklich Fortschritte machen, solange er nicht gleichzeitig sein Verhalten mit der buddhistischen Ethik in Einklang bringt.

Hui Neng sagt: „*Wenn dein Verhalten tadellos ist, was nützt dir Meditation?*" Er will damit die Bedeutung der Ethik unterstreichen und nicht die der Meditation herunterspielen – Hui Neng war einer der größten Zen-Meister, die je gelebt haben. Auch mit dieser Aussage versucht er uns von der Vorstellung zu befreien, unsere Lebensführung müsse beschwerlich oder belastend sein oder habe keinen weiteren Zweck als das Praktizieren an sich. Hat unser Geist einmal Ausgeglichenheit erlangt, wird ethisches Verhalten auf natürliche Weise und fast mühelos entstehen. Und haben wir einmal gelernt, uns in allen Situationen richtig zu verhalten, so wird unser Leben im Einklang mit den tiefsten Ebenen der Meditation sein.

Die Art und Weise, wie wir mit anderen Menschen umgehen, ist der beste Prüfstein, anhand dessen wir uns selbst einschätzen können. Wie andere uns behandeln, was wir von der Welt bekommen, die Tiefe unserer Meditation – all dies ist zweitrangig.

Erbarmen

„Wenn du verstehst, was Erbarmen ist, wirst du von allein für deine Eltern sorgen.“ Hui Neng benutzt in diesem Vers das Wort Erbarmen *(en)*. Dieses Wort kann auch mit Gnade oder Güte übersetzt werden. *En*, oder Erbarmen, kommt in seiner Bedeutung dem Wort Mitgefühl nahe. *En* hat jedoch den Gedanken zum Inhalt, daß wir jegliches Erbarmen oder jegliche Güte vergelten sollten, die uns entgegengebracht worden ist. Für jemanden „*en* empfinden“ bedeutet im Chinesischen, daß man dem anderen dankbar dafür ist, was er für einen getan hat.

Mit dieser Zeile will Hui Neng sagen, daß wenn unser Dankbarkeitsempfinden einmal entwickelt ist, wir ganz selbstverständlich dazu neigen, sowohl für unsere Eltern als auch für andere Lebewesen zu sorgen.

Damit ist nicht gemeint, daß wir uns einen Nutzen davon erwarten sollen, wenn wir anderen gegenüber gütig sind. Es heißt nur, daß wir es zutiefst anerkennen sollen, wieviel andere für uns getan haben. Die Wertschätzung anderer Menschen ist ein entscheidender Ausgangspunkt für das erfolgreiche Ausüben des Buddhismus.

Religiöses Verhalten

„Wenn du weißt, was religiöses Verhalten ist, dann wird die ganze Welt in Ordnung sein.“

Religiöses Verhalten bedeutet hier richtiges Verhalten, richtiges Handeln, richtige Sichtweise. Wenn wir alle dem Edlen Achtfachen Pfad* folgen würden, so wäre die Welt in Ordnung.

Mit diesem Vers fordert Hui Neng uns auf, unsere Aufmerksamkeit nach innen zu lenken und uns auf die Ursprünge unserer Bewußtheit und unseres Verhaltens zu konzentrieren. Dies ist die wesentliche Arbeit in der buddhistischen Lebensführung. Sämtliche buddhistischen Übungen laufen auf nichts weiter als das hinaus. Wenn wir uns sehen, wie wir wirklich sind, sehen wir die Wahrheit. Wir sehen den Buddha in uns.

Meister P'u Ming fragte: „Was ist Buddha-Natur?"
Meister Hsing Sze antwortete: „Du hast keine Buddha-Natur."
Meister P'u Ming sagte: „Alle Kreaturen, auch Insekten, haben eine Buddha-Natur. Warum sagst du, ich hätte keine?"
Meister Hsing Sze entgegnete: „Weil du sie außerhalb von dir suchst."
Meister P'u Ming sagte: „Wie finde ich sie denn?"
Meister Hsing Sze sagte: „Du wirst sie nicht finden, indem du sie verbirgst."
Meister P'u Ming sagte: „Wie finde ich sie dann?"
Meister Hsing Sze sagte: „Indem du sie aufgibst."

- aus den Zen-Schriften

Kapitel 15

Nützliche Taten

Die Weisen dieser Welt
vollbringen viele nützliche Taten.
Dich selbst zu erkennen
ist die nützlichste aller Taten.
- aus dem Dharmapada

Die Weisen dieser Welt

Diese Saha-Welt* besteht aus dem Zusammenspiel gepaarter Gegensätze, und so erscheint es uns, als ob alles aus zwei Hälften gemacht ist: halb dunkel, halb hell; halb gut, halb schlecht; halb weise und halb verblendet.

Ein weiser Mensch wird sein Bestes tun, um seiner Umgebung Freude zu bereiten. Er wird daran arbeiten, seine Umwelt mit positiver Energie zu versorgen, und wird ein Quell höherer Bewußtheit sein, wann immer er kann. Ein verblendeter Mensch dagegen will immer das Gegenteil tun; er ist negativ, gemein und schnell bereit, Vergnügen zu empfinden, wenn etwas schiefgeht. Anstatt anderen zu helfen, ist er nur daran interessiert, sie zu behindern und sie auf die gleiche samsarische* Stufe zu ziehen, auf der er selbst steht.

Die meisten Menschen sind eine Mischung aus den oben beschriebenen Energien. Haben wir dies einmal erkannt, werden wir selbstverständlich lieber weise als verblendet sein wollen. Die größte Weisheit im Buddhismus ist die *Prajna*-Weisheit*: die Weisheit, welche die allen Erscheinungen eigene Leere und gleichzeitig die Notwendigkeit des Mitgefühls erkennt. Jemand, der Prajna-Weisheit besitzt, kann alle Schwierigkeiten überwinden. Prajna-Weisheit führt rasch zur Erleuchtung, denn sie kann nicht in die samsarische* Gegensätzlichkeit oder in die Verstrickung in Illusionen hineingezogen werden.

Viele nützliche Taten vollbringen

Wie erlangen wir Prajna-Weisheit? Die buddhistischen Sutras sprechen von zwei Hauptwegen:

1. *Der erste Weg ist der Weg der „drei Studien"*: das Studieren der buddhistischen Gebote, das Studieren der Meditation und das Studieren der buddhistischen Grundsätze.
2. *Der zweite Weg ist das regelmäßige Hören des Dharma*. Es ist ausgesprochen wichtig, das Dharma* oft zu hören. Wenn jemand in deiner Nähe über das Dharma spricht, dann gehe auf alle Fälle hin, um zuzuhören. Nimm dir Zeit, das Dharma mit deinen Freunden zu erörtern. Denke darüber nach, lies Bücher darüber, studiere die Sutras. Der einzige Grund dafür, Buddhismus zu studieren, ist, zu höherer Bewußtheit zu gelangen. Das Studieren des Dharma führt zu innerem Wachstum. Darum ist es so wichtig weiterzulernen; durch das Lernen und Wachsen wird sich unser Verständnis des Dharma erheblich verändern. Das Dharma hat morgen für einen Menschen niemals dieselbe Bedeutung wie gestern, denn dieser Mensch ist morgen nicht mehr derselbe wie gestern. Eine der schönsten Eigenschaften des Dharma ist seine Gabe, uns immer tiefere Einsichten zu gewähren, je weiter wir in seinem Studium voranschreiten.

Wenn wir uns anderen Menschen bewußt zuwenden und uns täglich auf das Dharma besinnen, werden wir mit Gewißheit häufig „nützliche Taten vollbringen“ – Taten, die sowohl uns selbst als auch anderen von Nutzen sind.

Dich selbst erkennen

Da der gesamte Kosmos im Geist enthalten ist, ist das Erkennen des Geistes das höchste Ziel aller Wahrheitssuchenden. Diese Aufgabe erfordert beharrliche Bemühung. Das bedeutet, daß wir jeden Tag von morgens bis abends den Buddhismus praktizieren, egal wo wir sind. Das ist humanistischer Buddhismus. Unser Geist wird in erster Linie durch andere Menschen angeregt und herausgefordert. Sind wir uns dessen einmal bewußt, so werden wir erkennen, daß wir uns von unserer eigentlichen Essenz und vom Buddhismus abwenden, wenn wir uns im Ausüben des Buddhismus von anderen Menschen absondern. Buddhismus ist eine Religion, die auf der menschlichen Natur gründet. Letztendlich wirst du nur durch deine Wechselbeziehung mit anderen Menschen zur Erkenntnis deiner selbst gelangen.

Die Hauptformen der Weisheit heißen Tore der Weisheit. Das erste Tor der Weisheit ist das Tor zur Erleuchtung des Selbst. Das zweite Tor der Weisheit ist das Tor zum Mitgefühl für alle Lebewesen.

Die Weisheit eines Buddhas kann beschrieben werden als Vollkommenheit, Reinheit, Allwissenheit, grenzenloses Mitgefühl und die vollendete Gabe, andere das Dharma zu lehren. Das YOGACHARABHUMI SHASTRA sagt: „*Vollkommene Weisheit (Sarvajna) kann niemals aufgehalten werden – in keinem Reich, von keinem Ereignis und keiner Erscheinung, von keiner Sache und zu keiner Zeit.*“

Um Erleuchtung im Bodhi-Geist* zu erlangen, muß ein Bodhisattva* die Sechs Paramitas* erlernen. Eine davon ist die *Prajna-Paramita*, oder die *Paramita der Großen Weisheit.* Diese Paramita wird manchmal auch *„die Mutter aller Buddhas"* genannt, denn sie ist für die Ausübung des Buddhismus von zentraler Bedeutung.

Prajna-Weisheit besteht aus zwei Arten der Weisheit: gewöhnlicher Weisheit, die allen Buddhisten zugänglich ist, und außergewöhnlicher Weisheit, die nur ein Bodhisattva erfaßt. Außergewöhnliche Weisheit ist die Erkenntnis, daß wir Buddhismus in letzter Konsequenz nicht nur für uns selbst praktizieren können; er muß mit anderen geteilt werden.

Ein anderer Weg, Prajna-Weisheit zu erkennen, ist sich bewußt zu werden, daß sie *„die Weisheit dieser Welt"* und *„die Weisheit, die über diese Welt hinausgeht"* umfaßt. Das Leben eines Bodhisattvas gründet auf transzendenter Weisheit und auf transzendenten Zielen und ist von beidem voll und ganz durchdrungen. Zugleich zieht sich der Bodhisattva jedoch nicht von dieser Welt zurück. Er lebt ganz und gar in ihr und gibt immer und überall sein Bestes.

Die nützlichste aller Taten

Vollkommene Prajna-Weisheit zu erlangen, heißt zu erkennen, daß das Universum größer ist als du es bist. Es ist größer als du, und es ist du. Es ist in deinem Kopf, und es übersteigt alles, was du dir vorstellen kannst. Prajna-Weisheit durchdringt das gesamte Himmelsgewölbe. Es gibt nichts, was ihrer Anteilnahme entgeht oder ihrer unwürdig ist. Es gibt nichts, was nicht innigster Teil von ihr ist. Wenn ein Praktizierender diese schlichte und dennoch überwältigende Wahrheit erkennt, wird er oder sie unmittelbar beginnen, allen anderen Lebewesen im Universum von gewaltigem Nutzen zu sein. Die Schiffe auf dem Meer steigen und fallen gemeinsam mit den Wellen. Vögel lernen den Himmel kennen, indem sie andere Vögel beobachten.

Buddha sagte: Großmut
ohne die Paramita der Großen Weisheit
wird niemandem helfen, ans andere Ufer zu gelangen.
Willst du ans andere Ufer gelangen,
mußt du deine Großmut
auf die Paramita der Großen Weisheit gründen.
Und für alle anderen Paramitas gilt dasselbe:
Disziplin, Geduld, Fortschritt, Kontemplation;
sie alle müssen auf der Paramita der Großen Weisheit
gegründet sein.
Weshalb ist dem so?
Dem ist so, weil einzig
die Paramita der Großen Weisheit
um die essentielle Gleichheit aller Dinge weiß.

- aus dem Mahaprajnaparamita Sutra

Kapitel 16

Krankheit

Wir sollten uns um die kümmern,
die krank sind,
und uns nach ihren Problemen erkundigen.
Du wirst ernten was du säst;
Auf deinen Feldern wird wachsen
was du auf ihnen gepflanzt hast.
- aus dem Jatakanidhana

Krankheit ist unvermeidlich

Die erste Edle Wahrheit des Buddhismus besagt, daß das Leben unvollkommen ist. Ein großer Teil dieser Wahrheit beruht auf der Tatsache, daß niemand Krankheit, Alter und Tod entrinnen kann. Die Zwangsläufigkeit von Krankheit schafft Leiden, und dennoch regt sie uns an, Befreiung im Dharma zu suchen. In dieser samsarischen* Welt kann im Schlechten Gutes und im Guten Schlechtes gesehen werden – alles ist vermischt. Wenn wir immer nur das Schlechte sehen, werden unsere Augen von Dunkelheit und Angst erfüllt sein. Lenken wir den Blick indes häufig auf das Gute, werden wir uns Schritt für Schritt aus den Klauen der in Gegensätze zerfallenen Welt befreien können.

Krankheit ist eines der Acht Leiden*. Auf Krankheit folgt Gesundheit, und auf Gesundheit folgt Krankheit. Wir alle müssen darauf vorbereitet sein zu sterben. Der Zerfall der körperlichen Form ist unvermeidlich. Deshalb ist es wichtig, daß wir die Zeit, in der wir gesund sind, dazu verwenden, anderen größtmöglichen Nutzen zu bringen. Die Unvermeidlichkeit von Krankheit anzuerkennen, ist ein hervorragender Auslöser für Mitgefühl. Wir haben nur wenig Zeit, zu wachsen und uns zu entfalten. Würdige die Zeit, die du mit anderen Menschen verbringst; ermuntere sie; übe positiven Einfluß auf sie aus, wenn du kannst.

Das Jatakanidhana sagt: „*Krankheit ist die schlimmste Form aller Leiden. Kranken zu helfen, ist die beste von allen guten Taten.*"

Es ist wichtig, kranken Menschen zu helfen, denn wenn wir krank sind, ist unser Körper geschwächt, was wiederum zu einem Rückgang der Willenskraft oder der inneren Reserven führt. Kranke Menschen sind anfälliger für Verzweiflung, Angstzustände und andere Formen des Kummers. Es ist eine Zeit, in der sie der Hilfe anderer am meisten bedürfen. Sie brauchen unseren Zuspruch, unsere Wärme und Güte dann mehr als zu irgendeiner anderen Zeit.

Krankenpflege

Wir alle werden in diesem Leben nicht nur selbst Krankheit erfahren, sondern uns auch irgendwann einmal in der Situation befinden, jemand anderem zu helfen, der krank ist. Es besteht bisweilen eine naturgegebene Neigung, sich von kranken Menschen abwenden zu wollen. Sie entstammt größtenteils der Unwissenheit darüber, was wir für diese Menschen tun können. Wenn wir uns um einen Kranken kümmern, sollten wir besonnen handeln. Sind wir unsicher in dem, was wir tun, ist dies der Situation eher schädlich als zuträglich.

Der Ekottarika Agama nennt fünf wichtige Punkte, auf die wir die Pflege eines Kranken aufbauen sollten:

1. *Sorge dafür, daß der Kranke einen fähigen Arzt aufsucht.* Sind wir erst einmal der Pflege eines Arztes unterstellt, sollten wir ihm unbedingt

vertrauen. Allerdings müssen wir auch selbst eine gewisse Verantwortung übernehmen. Im Falle einer ernsthaften Krankheit ist es immer ratsam, die Meinung eines zweiten Sachverständigen hinzuzuziehen.

2. *Werde nicht träge oder unaufmerksam*. Deine Einstellung zu dem, was du tust, wird sich auf den Kranken übertragen. Stehe früh auf, halte das Zimmer und die Kleidung des Kranken sauber, mache das Bett, und sorge dafür, daß es der Kranke so bequem wie möglich hat.
3. *Verwende gutherzige Rede*. Sprich oft mit dem Kranken und verwende, so oft du kannst, lobende und ermutigende Worte. Deine Worte können ihm helfen, Traurigkeit und Verzweiflung zu überwinden, und sie stärken ihn, da es angenehme und kraftspendende Gefühle vermittelt. Grenze den Menschen nicht aus, und verhalte dich nicht so, als ob er nicht länger Teil dieser Welt oder seine Meinung nicht mehr von Bedeutung wäre. Wenn erkrankte Menschen in die Ereignisse um sie herum einbezogen werden, werden sie viel schneller gesund.
4. *Schlafe nicht zuviel und übergehe den Kranken nicht*. Du solltest auf seine Bedürfnisse achten und dir der Tatsache bewußt sein, daß es unter Umständen schwierig für ihn ist, seine Bedürfnisse auszudrükken. Blumen, Sonnenschein, Kunstwerke oder der richtige Lesestoff können bei einem Kranken Wunder wirken. Die Tatsache, daß andere Menschen ihm Aufmerksamkeit schenken, ist ein großer Trost für jemanden, der sich nicht wohlfühlt.
5. *Sprich über das Dharma*. Halte dich an die Gebote, während du dich um den Kranken kümmerst, und versorge ihn mit Informationen zum Buddhismus, wenn es dir hilfreich erscheint. Kranke Menschen sollten daran erinnert werden, daß alles vergänglich ist – einschließlich Krankheit. Auf den höchsten Ebenen der Wirklichkeit gibt es so etwas wie Krankheit nicht.

Wenn wir uns streng an diese fünf Richtlinien halten, tritt gewöhnlich eine schnelle Gesundung ein.

Die Verdienste der Krankenpflege

Alle Handlungen aufrichtiger Großmut bringen gute Verdienste. Das MAHAPARINIRVANA SUTRA sagt: *„Kranken gegenüber selbstlos zu sein und sie zu pflegen ist eine der großartigsten Formen der Großmut."*

Das BRAHMAJALA SUTRA sagt: *„Wenn ein Buddhist einem kranken Menschen seine Dienste anbietet oder einen Kranken so pflegt, als ob er niemand anderer als Buddha selbst wäre, so hat er damit viele gute Samen in das beste der Acht Felder der Guten Verdienste gepflanzt."*

Aus vielen anderen Stellen in den Sutras ist ersichtlich, daß Buddha die Krankenpflege für sehr wichtig hielt. Er erwähnte oftmals, daß die Pflege der Kranken zu guten Verdiensten in der Zukunft führr.

Die Sutras erwähnen auch viele Begebenheiten, anläßlich derer Buddha selbst kranke Schüler pflegte: Er badete sie, wusch ihre Kleider, fegte den Boden und setzte ermunternde Worte ein, damit sie sich wohl umsorgt und geschätzt fühlten. Ein Teil von Buddhas Seelengröße war seine Gabe, sowohl die Bedeutsamkeit der kleinen Dinge im Leben zu berücksichtigen, als auch vollends über diese Welt hinauszusehen. Sein Geist war fähig, die tiefsten Wahrheiten des Universums zu erfassen, und dennoch konnte er gleichzeitig den Boden fegen und Kleidung flicken.

Der große chinesische Übersetzer buddhistischer Sutras, Hsusan Tsang, war sich gleichermaßen nie zu gut, anderen zu helfen. Bevor er sich zu seiner Reise nach Indien aufmachte, um buddhistische Sutras zu sammeln, pflegte Hsuan Tsang einen schmuddeligen und einfachen Mönch solange, bis er geheilt war. Während er über ihn wachte, lehrte der Mönch ihn die kurze Fassung des PRAJNAPARAMITA SUTRA. Viele Jahre später schuf Hsuan Tsang von der langen Fassung dieses Sutras die hervorragendste Übersetzung ins Chinesische, die je gemacht wurde. Hsuan Tsangs Mahaprajnaparamita Sutra ist noch heute die in China meistverwendete Fassung dieses Sutras.

Die Weisen pflegten seit alters her zu sagen: „*Ein im Frühjahr gepflanztes Getreidekorn bringt im Herbst zehntausend Körner hervor. Gutes und schlechtes Verhalten haben beide dieselbe Wirkung.*" Sie pflegten auch zu sagen: „*Pflanzt du einen Melonenkern, so bekommst du eine Melone. Pflanzt du einen Bohnenkern, bekommst du eine Bohne.*"

Schlußfolgerung

Ein weiteres altes Sprichwort lautet: „*Die Röte einer Blume währt weniger als einhundert Tage. In diesem Leben hat ein Mensch weniger als eintausend gute Tage.*"

Während wir gesund sind, sollten wir unsere Zeit gut nutzen. Wir sollten unser Leben mit heilsamen und nützlichen Taten ausfüllen und uns niemals der Pflicht entziehen, für erkrankte Freunde und Verwandte zu sorgen. Gutherziges Verhalten ist für sich allein schon etwas Gutes, aber es ist auch ein Mittel, uns zu vervollkommnen, weil wir nach und nach unsere eigenen Voraussetzungen verbessern, indem wir in unserer Umgebung Samen des Mitgefühls und der Güte pflanzen.

Wenn ein Mensch in deiner Umgebung erkrankt, so warte nicht darauf, daß er dich um Hilfe bittet. Dies ist der Augenblick, über dich selbst hinauszuwachsen und Großmut zu zeigen. Deine fürsorgliche Güte wird ein großer Schritt zur Verbesserung dieser Welt sein.

Leben und Tod flackern wie Flammen.
Das Leiden hört niemals auf.
Lege das Mahayana-Gelübde ab,*

alle Lebewesen zu erlösen.
Gelobe, für sie einzustehen
und ihre Last für sie zu tragen.
Gelobe, sie alle zu den Ufern
der höchsten Freude zu führen.

- aus dem Sutra der Acht Erkenntnisse des Bodhisattva

Kapitel 17

Wohlstand

Fängt man in einem Gewerbe oder Beruf an,
ist es angebracht, Vermögen anzusammeln.
Hat man Vermögen angesammelt,
sollte man es in vier Teile aufteilen:
einen Teil zum Verbrauch für die täglichen Notwendigkeiten,
zwei Teile zur Investition in das Gewerbe,
einen Teil als Rücklage für unerwartete Ausgaben.

- aus dem Samyukta Agama

Ehrbare Wege zum Wohlstand

Die buddhistische Religion hat Besitz nie abgelehnt. Einige der wichtigsten frühen Buddhisten waren reiche Könige oder vermögende Geschäftsleute. Es ist zu bezweifeln, ob sich der Buddhismus ohne ihre Hilfe so schnell und so weit verbreitet hätte.

Besitz kann wie eine giftige Schlange sein, wenn er unrechtmäßig erworben wurde oder wenn er den Geist mit Wollust und Gier erfüllt. Rechtmäßig erworbener Besitz in den Händen eines weisen und großherzigen Menschen kann zum Wohle aller beitragen. Die Spenden wohlhabender Menschen sind eine wesentliche Einnahmequelle, mittels derer das Dharma* verbreitet, Dharma-Literatur herausgegeben und Tempel gebaut werden können. Das Herz der buddhistischen Ethik ist die Absicht. Wenn unsere Absichten gut sind, werden wir Vermögen zum Wohle anderer einsetzen können. Sind unsere Absichten nicht gut, werden wir einen schlechten Einfluß auf die Welt haben, egal ob wir nun reich oder arm sind.

Zu Wohlstand kommen

Der einfachste Weg, Besitz zu erlangen, ist eine Fertigkeit zu erlernen. Haben wir fachmännisches Können erworben, sollten wir es mit Fleiß und in vollkommener Aufrichtigkeit anwenden. Das Geld, das wir durch die Ausübung unseres Berufes verdienen, sollte gespart, investiert und sinnvoll eingesetzt werden. Verbrauchen wir zuviel oder entwickeln wir zu viele teure Gewohnheiten, dann verursacht unser Besitz nichts als Schaden. Geld sollte nie dazu verwendet werden, jemandem zu schaden.

Buddha sprach von bestimmten Wegen, mittels derer wir keinen Besitz erwerben sollten. Ungeachtet dessen, ob diese Gewerbe in dem Land, in dem du lebst, nun legal sind oder nicht, Buddha erklärte ausdrücklich, daß wir nicht in Schlachthäusern oder Jagd- und Fischereibetrieben arbeiten oder anderweitig tätig werden sollen oder an Orten, an denen gespielt wird sowie Drogen vertrieben werden oder Alkohol ausgeschenkt wird.

Im SIGALOVADA SUTRA heißt es:

Jeder, der Reichtum erlangen will, muß wissen, daß es sechs Wege zum Erwerb von Wohlstand gibt, die im Widerspruch zur buddhistischen Ethik stehen. Diese sechs Wege sind:

1. *betrügerische oder heuchlerische Wege,*
2. *unbesonnene Wege,*
3. *nachlässige Wege oder Wege, bei denen Alkohol im Spiel ist,*
4. *Wege, die von schlechten Kumpanen abhängen,*

5. *Wege, die auf Prostitution beruhen und*
6. *bequeme und lustlose Wege.*

Wohlstand einsetzen

Buddha sprach häufig darüber, wie wir materiellen Wohlstand nutzen sollten. Im Samyukta Agama, das zu Beginn des Kapitels zitiert wird, schlägt er die Aufteilung von Vermögen in vier Teile vor. Im Maharatnakuta Sutra erzählt Buddha dem reichen König Prasenajit, daß er sich seinen Reichtum in drei Teile aufgeteilt vorstellen soll. Ein Teil soll zur Förderung der Religion verwendet werden, ein Teil zur Unterstützung der Armen und ein Teil für staatliche Investitionen. Im Mahaparinirvana Sutra unterbreitet Buddha einen weiteren Vier-Teile-Plan für unser Vermögen: ein Teil soll unsere Eltern und nächsten Verwandten versorgen, ein Teil soll verwendet werden, um Angestellten und anderen von uns abhängigen Menschen zu helfen, ein Teil soll unseren Freunden und entfernten Verwandten zugute kommen und ein Teil der klösterlichen Gemeinschaft.

Buddha war ein wirklichkeitsnaher und praktischer Denker. Er lehrte seine Jünger, wie sie Kontrolle über alle Teile ihres Lebens erlangen konnten. Da sich die heutige Gesellschaft so grundlegend von der Gesellschaft zu Zeiten Buddhas unterscheidet, ist es sehr wichtig, daß wir uns auf den Kern seiner Aussagen konzentrieren und nicht an einer genauen Unterscheidung festhalten. Buddha sagte oft verschiedene Dinge zu verschiedenen Gruppen von Menschen an verschiedenen Orten. Dies war seine Art zu lehren. Dies waren seine geschickten Mittel (*Upaya*)*. Ein wohlhabender Mensch kann es tatsächlich in Erwägung ziehen, ein Viertel seines Vermögens einem Kloster zu schenken, ein armer Mensch jedoch nicht.

Der Kern von Buddhas Lehre über Wohlstand ist, Vermögen auf

ehrliche Weise zu erwerben und es zu verwenden, um anderen damit zu helfen. Vermögen gibt uns eine gegenständliche Möglichkeit, die Bestandteile der buddhistischen Ethik in unserer Welt umzusetzen. Durch umsichtigen und großherzigen Einsatz von Vermögen können wir lernen, uns von Fesseln zu befreien und Mitgefühl, Großzügigkeit und klares Denken zu üben. Letztendlich ist der größte aller Reichtümer das Wissen um unsere Buddha-Natur. Ein kurzer Blick auf den überwältigenden spirituellen Reichtum, der in uns liegt, ist mehr wert als alle materiellen Schätze des Universums.

Subhuti, wenn ein Bodhisattva* sich an*
seine eigene Großherzigkeit klammert,
dann wird er, wenn er gibt,
wie jemand sein, der in
ein dunkles Zimmer tritt,
und nichts sieht.

Wenn ein Bodhisattva sich nicht
an seine eigene Großherzigkeit klammert,
dann wird er, wenn er gibt,
wie jemand sein, der im
Sonnenschein steht und
alle Farben und Formen klar erkennt.

- aus dem Diamant Sutra

Kapitel 18

Großherzigkeit

Du magst die Absicht haben, Gutes zu tun,
wenn du schlechte Menschen beschenkst –
aber du wirst nur noch mehr
Schaden anrichten;
diese Art des Schenkens ist
wie das Füttern eines wilden Tieres –
jeder nimmt Schaden durch diese Tat.

- aus dem Sutra über die Gebote der Sechs Paramitas

Unterstützung rechtschaffener Menschen

In den buddhistischen Sutras wird Großherzigkeit oft mit dem Akkerbau verglichen; sind die Felder eines Bauern fruchtbar, wird seine Ernte groß und gut sein. Mit Menschen verhält es sich genauso; wenn du deine Großherzigkeit an der richtigen Stelle einsetzt, wirst du großen Vorteil daraus ziehen. Wenn du rechtschaffenen Menschen gegenüber großherzig bist, wird deine Tat sowohl für dich als auch für andere von großem Nutzen sein.

Deshalb sagt das Sutra in Zweiundvierzig Abschnitten: *„Hundert schlechte Menschen zu ernähren, ist nicht so gut, wie einen guten Menschen zu ernähren. Tausend gute Menschen zu ernähren, ist nicht so gut, wie einen Menschen zu ernähren, der die Gebote einhält. Zehntausend Menschen zu ernähren, die die Gebote einhalten, ist nicht so gut, wie einen Shrotapanna (1. Stufe der Erleuchtung im Theravada-Buddhismus)* zu* *ernähren. Eine Million Shrotapannas zu ernähren, ist nicht so gut, wie einen Sakadagami (2. Stufe der Erleuchtung im Theravada-Buddhismus)* zu ernähren. Zehn Millionen Sakadagamis zu ernähren, ist nicht so gut, wie einen Anagami (3. Stufe der Erleuchtung im Theravada-Buddhismus)* zu ernähren. Hundert Millionen Anagamis zu ernähren, ist nicht so gut, wie einen Arhat (4. und letzte Stufe der Erleuchtung im Theravada-Buddhismus)* zu ernähren. Eine Milliarde Arhats zu ernähren, ist nicht so gut, wie einen Pratyeka-Buddha (ein Mensch, der ohne das Dharma gehört zu haben, zur Erleuchtung gelangt ist)* zu ernähren. Zehn Milliarden Pratyeka-Buddhas zu ernähren, ist nicht so gut, wie einen Buddha der Vergangenheit, der Gegenwart und der Zukunft zu ernähren."*

Zu wem sollten wir großherzig sein?

Die buddhistischen Sutras erwähnen drei Arten von Menschen, denen gegenüber wir uns großherzig verhalten sollten:

1. *Gegenüber Menschen, die leiden.* Wir sollten uns große Mühe geben, jenen zu helfen, die leiden.
2. *Gegenüber Menschen, die zu uns gutherzig waren.* Wir sollten die Güte, die wir durch unsere Eltern, unsere Lehrer und unsere Alten erfahren haben, um ein Vielfaches vergelten.
3. *Gegenüber Buddha, Dharma und Sangha**. Alle Gaben und alle Wertschätzung, die wir den Drei Kostbarkeiten erweisen, werden allen unendlichen Verdienst und Nutzen bringen.

Großherzigkeit gegenüber schlechten Menschen

Natürlich sollten wir uns von Menschen, die Falsches getan haben, nicht ganz und gar abwenden. Wir müssen uns jedoch sorgfältig überlegen, auf welche Weise wir ihnen helfen, sobald wir festgestellt haben, daß unsere Hilfe wirklich gebraucht wird. Sind wir nicht umsichtig in der Art, wie wir helfen, können wir mehr Schaden anrichten als Gutes bewirken. Wenn wir jemandem helfen, müssen wir sicher sein, daß der Mensch unsere Hilfe nicht dazu benutzt, sich und andere noch mehr in Schwierigkeiten zu bringen.

Menschen tun Unrecht aufgrund von Gier, Verblendung oder Zorn. Diese drei Verunreinigungen sind die Wurzel allen Übels in dieser Welt. Versuchen wir, jemandem zu helfen, der unter dem Einfluß einer dieser drei Verunreinigungen gehandelt hat, müssen wir sicher sein, daß unsere Hilfe denjenigen zu einem tieferen Verständnis der Ursache seines Vergehens führen wird. Wenn unsere „Hilfe" ihn nur demütigt oder ärgert, ist es uns nicht gelungen, wirklich großherzig zu sein. Wenn unsere „Hilfe" nur die eigentlichen Probleme übertüncht und es dem Übeltäter ermöglicht, auf seinem falschen Weg weiterzugehen, ohne sich zu bessern, dann kann unsere Großherzigkeit am Ende noch das Leid eines Dritten verursachen.

Die Tatsache, daß es schwierig ist, wirklich sinnvolle Hilfe zu leisten, heißt nicht, daß wir es nicht versuchen sollten. Sind unsere Absichten rein, werden wir letztlich Gutes bewirken. Im großen und ganzen sollte wahre Großherzigkeit den Übeltäter zu größerer Weisheit und größerem Verständnis führen.

Alles hat seine Zeit.
Ist es nicht der richtige Zeitpunkt und
versucht man trotzdem, seinen Willen durchzusetzen,
wird man sich nur in Schwierigkeiten bringen.
Deshalb heißt es,
jeder sollte den Unterschied zwischen
dem richtigen und dem falschen Zeitpunkt kennen.

- aus dem SUTRA DER EINHUNDERT PARABELN

Großherzigkeit gegenüber Kindern

Großherzigkeit sollte niemals Trägheit, Verderbtheit, Gefühllosigkeit, Unverantwortlichkeit oder Bösartigkeit hervorbringen oder begünstigen. Wenn Eltern unter dem Deckmantel der Großherzigkeit nachgiebig mit ihren Kindern umgehen, dann werden sie am Ende sich selbst, ihren Kindern und der Gesellschaft schaden. Es gibt eine feine, jedoch ausgesprochen wichtige Grenze zwischen Disziplin und Zuneigung – zwischen dem, was gut für unsere Kinder ist, und dem, was ihnen schadet. Kinder, die viel Geld, aber keine Anleitung für seine Verwendung bekommen, verlieren häufig ihr Gespür für andere Menschen. Da ihre Gefühle sich in einer abgeschirmten und unnatürlichen Umgebung entwickelt haben, mißverstehen sie die Bedürfnisse und Gefühle anderer und schaden so sich selbst und den Menschen in ihrer Umgebung.

Im Idealfall sollte Großherzigkeit gegenüber Kindern ihre höheren moralischen Eigenschaften fördern. Großherzigkeit sollte Kindern lehren, nicht an materiellen Dingen festzuhalten und das Wohlergehen anderer über ihr eigenes Wohl zu stellen.

Die drei Arten der Großherzigkeit

Genaugenommen ist Großherzigkeit eine Erscheinungsform des Mitgefühls. Da wahres Mitgefühl nur das Wohlergehen anderer anstrebt, sollten alle Handlungen aus Großherzigkeit auf die Steigerung des Wohlergehens anderer gerichtet sein. Die buddhistischen Sutras sprechen von drei wesentlichen Arten der Großherzigkeit:

1. *Großherzigkeit im Geben.* Indem wir anderen Dinge schenken, schenken wir ihnen Freude und Trost. In ihrer höchsten Bedeutung soll unsere Großherzigkeit ein Geschenk der Güte sein, das die ethische Natur anderer Menschen unterstützt, indem es ihnen ganz einfach zeigt, daß sie uns wichtig sind.

2. *Großherzigkeit im Gefühl.* Wenn wir mit unserer Zeit und unseren Gefühlen großherzig umgehen, helfen wir anderen, über die Härten des Lebens hinwegzukommen. Unser Lachen wird ihnen helfen, die Mühen zu ertragen, unsere Herzlichkeit wird sie vor Angst bewahren, und unsere Einfühlsamkeit wird ihnen helfen, das Einssein aller Wesen zu erkennen.
3. *Großherzigkeit im Dharma.* Letztendlich ist die höchste Form der Großherzigkeit das Vermitteln des Dharma. Nur das Dharma kann anderen dazu verhelfen, auf eigenen Beinen in dieser Welt zu stehen und das Leben wirklich zu verstehen. Wann immer wir über das Dharma sprechen, es lehren oder es in anderen fördern, schenken wir die höchste aller Gaben.

Wenn ein Bodhisattva großherzig ist,*
besinnt er sich darauf, daß der Gebende,
die Gabe und der Empfangende
vollkommen leer sind.
Seine Betrachtungen
tragen ihn über alle Hindernisse,
alle Gier und alle Verunreinigung hinaus.
Dies nennt man die
'Vollbrachte Großherzigkeit' der Bodhisattvas.

- aus dem Regen der Kostbarkeiten Sutra

Kapitel 19

Nicht töten

Alle Wesen fürchten den Tod,
und sie alle fürchten den Schmerz eines Prügels.
Denke nach: Wie fühlst du dich damit?
Dann töte nicht und prügle nicht;
lebe friedlich mit allen Wesen und
bringe nicht noch mehr Gewalt in diese Welt.
Füge keinem auf dieser Welt Schaden zu,
und du wirst dein nächstes Leben in Frieden verbringen.

- aus dem Dharmapada

Warum wir nicht töten sollen

Das Leben ist wertvoller als alles andere auf der Welt. Selbst Insekten wollen leben. Jedesmal, wenn wir eines der Fünf Gebote* des Buddhismus brechen, haben wir ein anderes Lebewesen verletzt. Jedesmal, wenn wir etwas töten, verletzen wir dieses Wesen auf der tiefsten möglichen Ebene. Töten ist deshalb eine Handlung, die alle Buddhisten vermeiden sollten.

Manches Töten geschieht gedankenlos. Kinder töten bisweilen kleine Lebewesen, ohne einen Gedanken an ihre Tat zu verschwenden. Diese Art des Tötens entsteht aus Unwissenheit über das Einssein allen Lebens. Wir sollten unseren Kindern beibringen, daß ihre Taten einen wichtigen Teil ihrer selbst seiner lebenswichtigen Freiheit berauben. Wenn diese Art des Tötens bis ins Erwachsenenalter anhält, ist dies ein Zeichen, daß es dem Betreffenden an höherer Weisheit mangelt. Die Taten eines Erwachsenen sind viel zielbewußter als die eines Kindes, und deshalb werden Erwachsene für ihre Taten letztlich viel mehr karmische* Vergeltung auf sich ziehen als ein Kind.

Das MAHAPRAJNAPARAMITA SHASTRA sagt:

Wenn man beschließt, ein Wesen zu töten, im vollen Bewußtsein, daß es sich um ein Lebewesen handelt, dann wird man sich körperliches Karma erschaffen und seine innere ethische Natur entweihen. Körperliches Karma und die Verunreinigung der eigenen ethischen Natur beschreiben jene zwei Aspekte, die man „den Verstoß des Tötens" nennt. Des weiteren soll man Menschen nicht fesseln, sie nicht in kleinen Räumen einsperren und sie nicht auspeitschen oder schlagen; dies sind Arten der Folter, die fast so schlimm sind wie Töten. Wenn man jemanden umbringt, hat man den Verstoß des Tötens begangen. Wenn man jemanden beauftragt, einen anderen zu töten, und ganz genau weiß, daß es sich dabei um ein Lebewesen handelt, hat man ebenso den Verstoß des Tötens begangen.

Man kann nicht vorgeben, nicht zu wissen, was man tut, wenn man es weiß. Ausreden sind nutzlos. Begegnet man in der Nacht einem Menschen und sagt sich, daß er nur ein Baumstumpf sei, und ihn daraufhin tötet, so hat man trotzdem getötet, egal welche Ausrede man dafür hat; und man hat trotzdem den Verstoß des Tötens begangen.

Tötet man aus Leidenschaft, kann man sich nicht herausreden, indem man es als Wahnsinn oder Dummheit bezeichnet; man hat trotzdem den Verstoß des Tötens begangen.

Wenn man das Leben eines anderen zerstört, kann man nicht behaupten, einfach nur ein Geschwür entfernt zu haben; man hat trotzdem den Verstoß des Tötens begangen.

Töten zieht karmische Vergeltung nach sich. Wenn man einem anderen befiehlt zu töten, hat man trotzdem den Verstoß des Tötens begangen. Die karmische Vergeltung für den Befehl des Tötens wird sich nicht allein auf Vergeltung für schlechte Rede beschränken.

Alle diese Arten des Tötens sind schlicht und einfach Töten.

Wenn du auf keine dieser Arten tötest, dann hast du das Gebot des Nicht-Tötens eingehalten.

Jeder, der sich dieses Gebot zu Herzen nimmt und gelobt: „Von diesem Tag an werde ich nie mehr töten" – dieser Mensch hält das Gebot des Nicht-Tötens ein.

Und wenn dieser Mensch diesen Schwur mit Körper und Rede einhält, wenn er verspricht: „Ich werde nie wieder töten", dann hält er sich an das Gebot des Nicht-Tötens.

Die Verdienste des Nicht-Tötens

Geloben, nicht zu töten, und dieses Gelöbnis einzuhalten, bringt viele Verdienste. Wie mit allen Geboten des Buddhismus gewinnen wir weitaus mehr als wir verlieren, wenn wir uns entscheiden, ein moralisch untadeliges Leben zu führen.

Dem Töten bewußt und unbeirrt zu entsagen, verfeinert unser Gespür für die Bedürfnisse und Gefühle aller Lebewesen, und es hilft uns zu erkennen, daß alle augenscheinliche Getrenntheit zwischen den Lebewesen nichts als Täuschung ist. Mitgefühl, Feinfühligkeit und das Gelöbnis, nicht zu töten, sind ganz zentrale Bestandteile der Erkenntnis, daß alles Leben eins ist.

Wenn man tötet, ist der Geist stets voller Gifte. Wenn man nicht tötet, ist der Geist frei und unbeschwert.

Wenn man tötet, steigert man das Schlechte und den Zorn in sich selbst und der Welt. Wenn man nicht tötet, steigert man gute und freudige Gefühle in sich selbst und der Welt.

Wenn man tötet, ist man immer ängstlich und kann nicht schlafen. Wenn man nicht tötet, lernt man mit der Zeit, daß man nichts zu fürchten braucht, und daß alles voller Freude ist.

Wenn man tötet, wird man im Moment des eigenen Todes von Angst erfüllt sein, und man wird keine gute Wiedergeburt erleben. Wenn man nicht tötet, erlangt man eine gute Wiedergeburt in Verhältnissen, die schnell zur Erleuchtung führen werden.

Weil es Verstöße gibt,
gibt es Geburt.
Weil es Geburt gibt,
gibt es Tod.
Geburt und Tod
sind die Folge von Verstößen.
Wenn alle Verstöße
ganz und gar aufgehört haben,
dann gibt es Weisheit.

- aus dem Shurangama Sutra

KAPITEL 20

Nicht Lügen

Lügen sind die Quelle allen Übels.
sie zerstören ein ethisch geführtes Leben.
Sie schaden anderen und
nichts Gutes kann über sie gesagt werden.
- aus dem SURATAPARIPRCCHA SUTRA

Vertrauenswürdige Worte

Wenn du lügst, wird man dir nicht vertrauen. Wenn man dir nicht vertrauen kann, wirst du in deinem eigenen Leben nichts bewirken und für andere Menschen nutzlos sein. Lügen verletzt andere, denn es zerstört ihr Vertrauen und ihr Gespür dafür, was richtig und falsch ist. Lügen hat sehr schwerwiegende Folgen; es verschwendet Zeit, ängstigt die Menschen und bringt sie dazu, ihre ursprünglichen Eingebungen und Gefühle anzuzweifeln. Einen anderen Menschen anzulügen, heißt ihn tief zu verletzen. Wann immer wir andere verletzen, tun wir uns damit selbst Gewalt an. Zudem schaden uns unsere eigenen Lügen gewaltig, denn sie zwingen uns, Energie zu verschwenden, um eine Illusion aufrechtzuerhalten, von der wir wissen, daß sie nicht wirklich ist. Diese Energieverschwendung verringert nicht nur in höchstem Maße unser Vermögen, in dieser Welt wirksam zu leben, sondern auch unsere Fähigkeit, die Wahrheiten des Buddhismus in uns aufzunehmen.

Im SUTRA DER FRAGEN DES GELIEBTEN MÄDCHENS heißt es: *„Der Bodhisattva* hat drei Grundübungen, an denen er solange arbeiten muß,* *bis er sie vervollkommnet hat: Er darf Buddha niemals anlügen, er darf sich selbst nie anlügen, und er darf niemals jemand anderen anlügen.*"

Schaden durch Lügen

Lügen haben viele Namen. Einige davon sind Betrug, Falschheit, Verleumdung, Verzerrung, Erfindung, Schwindel, Entstellung, falsche Wiedergabe, Fälschung, Meineid. All dies wird im allgemeinen als Straftat angesehen, aber Lügen kann auch unter dem Deckmantel hochtrabender Ideale betrieben werden. Diese Art des Lügens nennt man Scheinheiligkeit. Buddha sagte, Lügen sei eine der Zehn Üblen Taten*. Der Lügende bezweckt damit, andere Menschen zu täuschen, um etwas von ihnen zu bekommen oder um zu verhindern, daß sie etwas bekommen, oder um ihnen zu schaden.

Lügen ist ein ernsthaftes Vergehen, und eine Lüge führt gewöhnlich zur nächsten und diese wiederum zur nächsten. Es braucht nicht viel, um zu begreifen, was für eine große Bürde ein Packen Lügen sein kann. Man trägt schwer daran und er bedrückt ungemein. Lügen schaden allen Betroffenen und führen letztlich nie zu etwas Gutem. Lebewesen erzeugen eine Menge ihres schlechten *Karma** und ihrer Bindungen an den *Samsara** einzig durch das Lügen.

Das SADDHARMA SMIRTI UPASTHANA SUTRA sagt:

Wer lügt, bringt allen Lebewesen Kummer. Eine Lüge ist wie eine Decke aus Dunkelheit oder wie der Tod unter den Lebenden. Eine Lüge zu erzählen, ist, als ob du deine eigene Zunge mit dem Messer spaltetest; wie kann das nicht zu deinem Schaden sein? Lügen bringt Schande über dich; es ist, als trügest du eine giftige Schlange in deinem Mund; es ist, als trügest du ein Messer in deinem Mund; es ist, als trügest du ein brennendes Feuer in deinem Mund. Das Gift einer giftigen Schlange ist schlecht, aber nicht annähernd so schlecht wie das Gift eines lügenden Mundes, denn eine Lüge verletzt alle Wesen und führt letztendlich den Lügenden selbst dazu, in die Höllenreiche hinabzusteigen. Wenn ein Mensch lügt, ist es als würde Eiter aus seinem Munde tropfen; seine Zunge verdirbt und verdreckt und brennt vor entsetzlicher Hitze. Lügen sind wie Ketten, die uns fesseln. Sie zerstören die Brücke des Dharma.

Im „Höllen"-Kapitel des SADDHARMA SMIRTI UPASTHANA SUTRA heißt es: *Lüge nicht! Lügen erschaffen alle Unarten des Bösen und führen zu ewigem Gefangensein im Kreislauf von Leben und Tod. Lügen verschleiern das Gute und verbergen, was richtig ist, und sie führen zu einer schlechten Wiedergeburt und einer häßlichen Erscheinung. Lügen führen zu Untergang und Leere. Wenn ein Mensch lügt, ist es, als hacke er seine Zunge mit einer Axt ab. Lügen sind die Banner des Bösen, und sie ketten uns an böse Orte. Sie sind der Ursprung von Verblendung und Dunkelheit.*

Auswirkungen des Lügens

Gemäß des MAHAPRAJNAPARAMITA SHASTRAS versperrt Lügen ohne Bedauern und Reue einem ganz und gar den Weg zur Erleuchtung und hat die folgenden zehn unerfreulichen Auswirkungen: man bekommt einen schlechten Atem; man verliert den Schutz guter Geister und bekommt durch böse Geister verursachte Schwierigkeiten; man verliert das Vertrauen anderer, selbst wenn man die Wahrheit spricht; man wird nicht in die Gemeinschaft der Weisen aufgenommen; man wird häufig verteufelt und beschimpft; man wird von anderen nicht geachtet; man hat oft Angstgefühle; man gerät in Verruf; man wird in der Hölle wiedergeboren; man wird oftmals verleumdet.

Eine Lüge arbeitet gegen den Fluß von Wahrheit und Mitgefühl; wie kann sie zu etwas anderem führen als zu Schwierigkeiten und Leiden?

Sprache für gute Zwecke nutzen

Die Wahrheit ist mächtig. Im Augenblick mag es schwieriger erscheinen, die Wahrheit zu sagen als zu lügen, aber auf lange Sicht ist die Wahrheit immer die bessere Wahl. Aus schlechten Absichten kann nichts Gutes entstehen und aus Lügen ebensowenig. Der Weise lügt nie, denn er ist sich der Auswirkungen des Lügens bewußt.

In gewisser Weise sollten wir fast dankbar dafür sein, daß es das Lügen in dieser Welt gibt; denn beim Lügen sind die Folgen des Verstoßes gegen die Gebote im allgemeinen leichter zu erkennen als bei anderen Regelverstößen. Prüfe dich selbst, analysiere jede Lüge, die du je gesprochen haben magst. Ist das Drehen und Winden des Geistes bei dem Versuch, sich zu rechtfertigen, nicht eindeutig eine Bürde, die viel schwerer wiegt, als wenn wir gleich die Wahrheit sprächen?

Wenn wir nicht lügen, beginnen wir Sprache auf gute Weise zu nutzen. Selbstvertrauen und Sicherheit fließen in unsere Stimme, während unsere Ausdrucksfähigkeit sich verbessert. Sprache ist am schönsten, wenn sie wahrhaftig ist. Mitgefühl ist vollkommen, wenn es aufrichtig ist. Sind wir ehrlich, so enthüllen unsere Worte und unsere Einstellung zum Leben eine Tiefe und Verbundenheit, die weit über die samsarische* Unbeständigkeit des alltäglichen Daseins hinausgehen.

Denke daran – Buddha, unser erster Lehrer, ist auch bekannt als *„Der Eine der wahrhaftigen Worte; der Eine der echten Worte; der Eine, dessen Worte dem So-Sein entspringen, der Eine, der niemals lügt.“* Diese Eigenschaften haben es Buddha ermöglicht, das Dharma in diese Welt zu bringen, um alle Wesen zur Erleuchtung zu führen. Jene unter uns, die Buddha heute folgen, sollten niemals diese Grundtugend vergessen, immer die Wahrheit zu sagen.

Das Licht meiner Weisheit
leuchtet ohne Ende.
Die Länge meines Lebens
währt immerfort.
Dies ist die Wirkung
beständiger Entwicklung.
Diejenigen unter euch, die weise sind,
sollten nichts hiervon bezweifeln,
denn die Worte eines Buddhas
sind wahrhaftig und niemals falsch.
- aus dem Lotus Sutra

Kapitel 21

Gleichmut angesichts von Beleidigung

Worin liegt die größte Stärke?
Sie liegt in Gleichmut angesichts von Beleidigung.
Jene, die gleichmütig sind, hegen keinen Groll
und werden somit von allen geehrt.

- aus dem Sutra in Zweiundvierzig Abschnitten

Die Kraft des Gleichmuts

Der Gleichmut, von dem hier die Rede ist, kann Elend, Demütigung, Unglück und Pech überstehen. Diese Art Gleichmut vermag über alles zu triumphieren. Denke daran – alles ist vergänglich. Nichts währt ewig. Wenn wir dem Elend mit einer Haltung der Hingabe und des Gleichmuts begegnen, so haben wir schon ein langes Stück des Weges zur Verbesserung der Situation zurückgelegt. Was wir bekämpfen, bleibt hartnäckig bestehen. Gleichmut sollte unsere natürliche Reaktion sein. Wenn wir unser Leben von Gleichmut und Demut leiten lassen, können wir nicht fehlgehen.

Das Der Gleichmut des Rahula Sutra sagt:

Gleichmut ist klar und hell wie Sonnenlicht oder Mondlicht. Der Drachen und der Elefant sind sehr stark, aber selbst gemeinsam haben sie nicht ein Tausendstel der Kraft eines Gleichmütigen. Gewöhnliche Menschen halten Juwelen und Schätze für die größten Güter. Sie sehen weder das Unglück noch den

Schmerz, der damit verbunden ist. Der echte, wahre Schatz ist Gleichmut, denn er bringt stets Frieden, er behandelt andere immer gut, und er birgt immer den größten Verdienst.

Der DHARMAPADA sagt: *„Der beste Weg, dich von Zorn zu befreien, ist durch Gleichmut.“*

Die Bedeutung des Gleichmuts

Dieser Abschnitt handelt in erster Linie vom *„Gleichmut angesichts von Beleidigung“* oder *„Gleichmut angesichts von Niedertracht“*, denn Beleidigung und Niederträchtigkeit sind für die meisten Menschen am schwersten zu erdulden. Da wir alle gesellige Wesen sind, trifft uns der Stich der Niederträchtigkeit oder der Schlag, den Beleidigung uns versetzt, härter als alles andere. Hunger, Erschöpfung, harte Arbeit und selbst Krankheit und Verlust sind für die meisten Menschen im allgemeinen leichter zu ertragen als Spott, Niedertracht oder Beleidigung.

Da Buddha sehr weise war, kam er in seinen Ausführungen über Gleichmut gleich zum Kern der Sache. Gleichmut kann verglichen werden mit dem Hinnehmen einer Bürde, dem Anerkennen einer Wahrheit, dem Bewältigen oder Opfern einer Sache, dem Fassen eines Entschlusses und mit Mut, Furchtlosigkeit und Weisheit.

Jeder von uns wird Gleichmut auf seine eigene Weise verstehen. Das liegt daran, daß wir nur dann gleichmütig zu sein brauchen, wenn wir den falschen Glauben an ein Selbst hegen, das meint, etwas ertragen zu müssen, was es nicht mag. Heilige bedürfen keines Gleichmuts. Fortgeschrittene Schüler freuen sich über Beleidigungen, weil sie eine hervorragende Gelegenheit bieten, zu lernen und voranzukommen. Manche Menschen kämpfen, wenn sie beleidigt werden. Andere weinen. Wieder andere rechtfertigen sich. Reaktionen gibt es viele. Gründe dafür gibt es allerdings nur einen: Das Trugbild eines Selbst wurde dazu angeregt, sich gegen einen gezielten Angriff zu verteidigen. Der Ausweg ist die Erkenntnis, daß es nichts gibt, was angegriffen werden könnte, und daß es keinen Angriff gibt; beides ist leer.

Wir können uns nur dann beleidigt fühlen, wenn wir uns selbst etwas vormachen. Jeglicher Zorn ist eine Illusion. Dies zu verstehen, heißt die höchste Form von Gleichmut zu verstehen. In seiner höchsten Form ist Gleichmut lediglich ein anderes Wort für Weisheit.

Das Upasakashila Sutra sagt:

Es gibt zwei Arten von Gleichmut: der Gleichmut von dieser Welt und der Gleichmut, der über diese Welt hinausgeht.

Durch den weltlichen Gleichmut lernen wir Hunger, Durst, Hitze, Kälte, Leid und Freude zu ertragen.

Durch den Gleichmut, der über diese Welt hinausgeht, lernen wir, in Glauben, Weisheit, Großherzigkeit, Mitgefühl und Verständnis zu ruhen. Wir lernen, in unserer Loyalität gegenüber Buddha, Dharma und Sangha unerschütterlich zu sein, und wir lernen, Beleidigungen, Schläge, Spott, gemeine Verschwörungen, Gier, Zorn, Verblendung und all die anderen niederträchtigen und erniedrigenden Dinge dieser Welt auszuhalten. Wir lernen, das Unerträgliche zu ertragen und das Unmögliche zu vollbringen. Dies ist der Gleichmut, der diese Welt verwandelt.

Es gibt vier grundsätzliche Arten, sich Situationen zu stellen, die nach Gleichmut verlangen:

1. *Erwidere nichts, wenn man dich beleidigt.* Schweigen ist die beste Antwort.
2. *Wenn du angegriffen wirst, besänftige deinen Geist.* Ein friedlicher Geist kann alles ertragen und wird am Ende immer die Oberhand behalten.

3. *Schleudert dir jemand mit ganzer Wucht seinen eifersüchtigen Haß entgegen, begegne ihm mit Mitgefühl.* Letztendlich kann selbst ein Funke Mitgefühl allen Haß dieser Welt zum Schmelzen bringen.
4. *Wenn du verleumdet und beleidigt wirst, besinne dich auf Tugend und Erbarmen.* Der Stachel der Beleidigung stärkt die Tugend, während der Widersinn der Verleumdung den Geist die Bedeutung des Erbarmens erkennen läßt.

Gleichmut angesichts von Beleidigung und Niedertracht

Das Yogacharabhumi Shastra sagt, wahrer Gleichmut angesichts von Beleidigung verlangt, daß wir nicht wütend werden, daß wir nicht nachtragend sind und daß wir keine bösen Gedanken hegen.

Meister Han Shan sagte: „*Wenn du dem Bodhisattva-Pfad* folgen willst, dann schütze deinen wahren Geist mit Gleichmut angesichts von Beleidigung.*"

Im Sutra der Überlieferten Lehren sagt Buddha: „*Wer gleichmütig sein kann, der wird groß und mächtig werden.*"

Wahrer Gleichmut erfordert keine Kraft. Wenn du Kraft aufwenden mußt, um gleichmütig zu sein, dann kannst du sicher sein, daß dein Gleichmut nicht von Dauer ist. Gleichmut finden wir im Verweilen zwischen den Gedanken. Gleichmut ist ruhig und wertet nicht. Er ist bescheiden und weise, denn er erwartet weder, an erster Stelle zu stehen, noch, daß alles stets nach seinem Willen geht.

Wenn du im Begriff bist, deinen Gleichmut zu verlieren, achte erstens darauf, was du sagst. Sei gleichmütig in der Rede. Sage nichts Gehässiges. Prüfe zweitens deinen Gesichtsausdruck und deine Körpersprache. Drücke durch deine Körperhaltung oder dein Gebaren keine Mißbilligung aus. Beobachte drittens deinen Geist. Ungebührliche

Gefühle sind in ihrem ursprünglichen Zustand nichts weiter als Energiewellen. Bezeichnen wir sie nicht als Zorn oder Ungeduld, werden wir sie als wertvolle Kraftquellen erkennen. Viertens, vergiß nicht, daß Karma* und unsere Ausgangsbedingungen unsere Wahrnehmung von der Welt schaffen, die uns umgibt. Wenn wir unsere Voraussetzungen nicht annehmen, können wir nicht aus ihnen lernen. Lernen wir nicht aus ihnen, so wird sich nichts verändern.

Die Verdienste des Gleichmuts

Gleichmut bringt viele Verdienste. Gleichmut lehrt uns und unterstützt unser schnelles und reibungsloses Wachstum zur vollständigen Verwirklichung des uns innewohnenden Buddha-Geistes.

Die vier wesentlichsten Verdienste des Gleichmuts sind:

1. *Gleichmut vertreibt Zorn. Die* AVADANAS sagen: *„Du sollst Zorn nicht mit Zorn vergelten, denn der Zorn muß ein Ende finden. Indem du gleichmütig bist, setzt du dem Zorn ein Ende; dies ist der Weg des Tathagata*.“*

   Gleichmut verzehrt nicht nur den Zorn, den der sich in Gleichmut übende Mensch verspüren mag. Gleichmut erschöpft auch den Zorn all jener, die davon berührt werden, denn er gibt dem Zorn keine Nahrung. Ohne Öl kann das Feuer des Zorns nicht lange brennen.
2. *Gleichmut ist eine verläßliche Zuflucht.* In dieser Welt des Leidens und des Schmerzes ist Gleichmut unsere einzig sichere Zuflucht. Das DER GLEICHMUT DES RAHULA SUTRA sagt:

   Es gibt keine Zuflucht in dieser Welt außer dem Vertrauen in Gleichmut. Gleichmut ist ein friedvolles Verweilen dort, wo kein Unheil entstehen kann. Gleichmut ist eine Rüstung, die selbst von einer Horde Soldaten nicht durchdrungen werden kann. Gleichmut ist ein Floß, das uns über wilde Wasser trägt. Gleich-

mut ist ein Heilmittel, das unser Leben retten kann. Die Entschlossenheit eines Gleichmütigen ist stark genug, jeden Schwur zu halten.

3. *Gleichmut ist die Quelle großer Güte.* Er ist eine versteckte Tugend. Es mag für andere nicht immer offensichtlich sein, aber er erzeugt stets viel Güte. Der MAHASAMNIPATA sagt: Gleichmut ist die höchste Tugend und der Weg zu Frieden und Glück. Gleichmut führt dich aus der Abspaltung heraus, während sie dich gleichzeitig mit den Freuden eines Weisen segnet. Der MAHASAMNIPATA fährt mit einer langen Liste der Vorteile des Übens von Gleichmut fort: Gleichmut kann ein Freund sein, er kann deinen Ruf verbessern, er wird von aller Welt geliebt, er ist für sich allein schon ein Gewinn, er ist herrlich und verleiht dir große Kraft, sein Licht erleuchtet die ganze Welt, er kann alles Glück erlangen, er beschert Erfolg, er besiegt den Zorn und vertreibt das Leid, er erzeugt eine gefällige Erscheinung, er sorgt für eine gute Familie, er bringt viele Verdienste mit sich, er ist der beste Weg, er bringt den Menschen Freude, er erreicht viele wundervolle Dinge, er beseitigt alle Sorgen, er verlängert unsere Lebensspanne, er vertilgt den Zorn, er fügt niemandem Leid zu, er stiehlt nicht und lügt nicht, er gibt sich keinem sexuellem Fehlverhalten hin, er schmeichelt nicht, gebraucht keine hartherzige Rede und ist nicht unaufrichtig, er ist nicht gierig oder gibt sich dem Zorn hin, er ist bar aller falschen Sichtweisen und Gedanken, er achtet immer die Gebote, er macht beständige Fortschritte, er fördert die Meditation, er vergrößert die Prajna-Weisheit* und er hilft dabei, die Sechs Paramitas* zu erfüllen.
4. *Gleichmut ist die Quelle oder der Ursprung der Bodhi*-Weisheit.* Gleichmut angesichts von Beleidigung lehrt uns nicht nur, wie wir unter den Wesen dieser Welt leben sollen, er lehrt uns auch, wie wir selbst zu Buddhas werden. Im DER GLEICHMUT DES RAHULA SUTRA

sagt Buddha: „*Dank des Ausübens von Gleichmut habe ich Buddhaschaft erlangt und werde von allen Welten geehrt. Frei und unbehindert reise ich durch die drei Reiche**."

Das Upasakashila Sutra sagt:

*Selbst wenn dein Körper in Stücke gehackt würde, solltest du doch nicht zornig werden; du solltest dich tief in die Ursachen dieses Karmas versenken und allen Wesen Mitgefühl und Güte entgegenbringen. Wenn du nicht in kleinen Dingen gleichmütig sein kannst, wie willst du dann die große Arbeit tun, allen Wesen zu helfen? Gleichmut angesichts von Beleidigung ist die eigentliche Ursache des Erwachens im Bodhi-Geist**. *Anuttara-Samyak-Sambodhi (vollkommene Erleuchtung) ist die Folge von Gleichmut angesichts von Beleidigung. Wenn du diese Samen nicht säst, wie kannst du dann erwarten, diese Früchte zu ernten?*

Kapitel 22

Umgang mit anderen Menschen

Großmut, Lob, richtiges Verhalten
und Verbundenheit: Diese vier Wege
werden der ganzen Welt Harmonie bringen.
- aus dem Abidharma Samgiti Paryayapada

Keiner von uns kann alleine leben und keiner von uns sollte dies wollen. Es läßt sich in dieser Welt nicht vermeiden, daß wir mit vielen Menschen verkehren. Sind wir unbeholfen im Umgang mit anderen Menschen, so wird unser Leben voller Schwierigkeiten sein. Sind wir aber gewandt, wird unser Leben von Freude erfüllt sein. Wir alle brauchen andere Menschen. Wir müssen gesunde und schöpferische Beziehungen zu anderen eingehen. Sobald wir diese wesentliche Tatsache erkannt haben, werden wir herausfinden wollen, wie wir am besten mit unseren Beziehungen zu anderen umgehen können. Wie sollten wir uns verhalten, um mit anderen Menschen stets gut auszukommen? Was können wir tun, um gleichzeitig unser eigenes Wachstum und das der anderen zu fördern?

Der Abidharma Samgiti Paryayapada sagt, daß die im eingangs aufgeführten Abschnitt beschriebenen vier Vorgehensweisen eine ausgezeichnete Grundlage bilden, auf der wir unser gesamtes zwischenmenschliches Verhalten aufbauen können.

Großmut

Großmut ist gelebtes Mitgefühl. Er ist das Maß aller Dinge. Er gibt auf hervorragende Weise zu erkennen, ob wir wahrhaftig praktizierende Buddhisten sind oder nicht. Du magst ein großartiger Philosoph sein und viele Kenntnisse über buddhistische Schriften und buddhistische Geschichte besitzen, fehlt aber in deinem Leben der Großmut, dann lebst du den Buddhismus nicht wirklich. Solange du nicht gelernt hast zu geben, kannst du die Tiefe der Lehre Buddhas nicht in ihrem ganzen Ausmaß erfassen.

Buddhistischer Großmut kann in vielerlei Formen auftreten. Wir können großmütig sein mit unserem Besitz, mit unserer Zeit, unseren Gefühlen, unseren Fähigkeiten, mit unserer Weisheit und unserer Freude. Als Buddhisten sollten wir uns niemals davor fürchten, großmütig zu sein. Haben wir erst einmal unser Augenmerk auf dieses Thema gerichtet, so werden wir feststellen, daß uns jeder Tag viele Gelegenheiten bietet, auf die eine oder andere Weise großmütig zu sein.

Im ursprünglichsten Sinne ist Großmut eine lebendige, positive Energie, die so auf einen anderen Menschen gerichtet wird, daß dieser Freude empfinden oder an Weisheit gewinnen wird. Durch Großmut lernen wir, uns von unserem Besitz oder unseren Anschauungen loszulösen, und sind anderen ein Vorbild für menschliches Verhalten, das nicht auf Gier beruht.

Das Upasakashila Sutra sagt, daß jemand der oft großmütig ist, sich die folgenden fünf Verdienste erwirbt:

1. Er wird nie weit von den Weisen entfernt sein,
2. alle Wesen werden sich seiner Anwesenheit erfreuen,
3. er wird keine Angst haben, unter vielen Menschen zu sein,
4. er wird einen guten Ruf erlangen,
5. er wird sein Bewußtsein des Bodhi-Geistes* erweitern.

Großmut ist unerläßlich für jede Vision von einer harmonischen Welt. Durch innere Einkehr mögen wir den Wert von Großmut erkennen, aber ein volles Verständnis davon erlangen wir nur, wenn wir gelernt haben, in dieser Welt und gegenüber wirklichen Menschen großmütig zu sein.

Lob und Ermutigung

Lob erhellt den Geist und besänftigt das Herz. Lob schenkt seinem Empfänger nicht nur einen Augenblick des Glücks, sondern auch eine nachhaltige Bestätigung, daß sein Beitrag für diese Welt erkannt wurde und geschätzt wird. Wir alle sind in Gemeinschaften lebende Wesen. Ohne die Zuneigung und die Achtung unserer Mitmenschen können wir nicht glücklich leben. Indem wir uns gegenseitig loben und ermutigen, stärken wir die soziale Bindung zwischen uns und befähigen den anderen Menschen, über sich selbst hinauszuwachsen und sich wiederum anderen Menschen zuzuwenden, die den Segen der Freundschaft und das Wissen, daß sie gebraucht werden, ebenfalls nötig haben.

Lob ist das Gegenteil von Beleidigung. Ermutigung ist das Gegenteil des schädlichen Drangs, andere zu schwächen oder zu verletzen, in der irrigen Annahme, daß ihr Schmerz uns Freude bereiten könnte. Genauso, wie wir lernen, großmütig zu sein, müssen wir lernen, andere zu loben und zu ermuntern. Halte nie ein freundliches Wort zurück und sei niemals knauserig mit Wärme und Ermutigung. Wenn du andere ermutigst, beginnt sich deine Energie mit der großen, transzendenten Energie zu vermischen, die alle Bodhisattvas und Buddhas des Universums beflügelt und bewegt.

Das Maharatnakuta sagt, daß ermutigende Worte einem fröhlichen Geist entspringen, einem Geist, der nicht selbstsüchtig nach Unterscheidungen sucht. Das Sutra sagt, daß ermutigende Worte allen Wesen Frieden und Trost schenken und den Fortschritt aller Anstrengungen beschleunigt.

Buddha Shakyamuni war ein Meister des Lobes und der Ermutigung. Wann immer er zu anderen sprach, benutzte er Worte wie: „*Gute Männer und gute Frauen*". Und wann immer er das Dharma predigte, wählte er seine Worte sehr umsichtig, um seine Zuhörer zum Üben zu ermuntern und sie mit Hoffnung in die Zukunft blicken zu lassen. Allein die Tatsache, daß er überhaupt predigte, zeigt, wie sehr er um das Wohlergehen anderer Menschen besorgt war. Das Dharma* kann gewissermaßen als die höchste Form der Ermutigung bezeichnet werden, die je auf dieser Welt ausgesprochen wurde.

Richtiges Verhalten

Richtiges Verhalten ist ein Verhalten, das sowohl uns selbst als auch anderen zugute kommt. Richtiges Verhalten hängt davon ab, wie sehr wir uns der Handlungen unseres Körpers, unseres Geistes und unserer Worte bewußt sind. Wenn wir Körper, Geist und Worte dazu einsetzen, um anderen zu helfen, dann üben wir richtiges Verhalten.

Das Maharatnakuta sagt, daß richtiges Verhalten sowohl uns als auch anderen Menschen Freude schenkt, und daß es den Tiefen eines Geistes entspringt, der nichts zu bereuen hat. Das Sutra sagt, daß richtiges Verhalten sowohl uns selbst als auch anderen hilft und auf einem tiefen Verständnis der grundsätzlichen Gleichwertigkeit aller Wesen beruht. Gutes Verhalten ist in erster Linie auf das Wohlergehen anderer Menschen ausgerichtet. Indem wir anderen immer unser Bestes geben, heben wir jede gesellschaftliche Gruppe, in der wir uns aufhalten, auf eine höhere Stufe. Gleichzeitig gelingt es uns, unsere tiefsten Schichten zu enthüllen. Wenn wir anderen geben, erwecken wir die größte Quelle der Weisheit im Universum.

Verbundenheit

Verbundenheit erfaßt alles, was uns anderen näher bringt und uns hilft, ihre Freuden und Nöte zu verstehen. Indem wir zu den Mitgliedern der Gesellschaft, in der wir leben, eine enge Verbundenheit entwickeln, erweitern wir unsere Möglichkeiten, andere zum Besseren hin zu beeinflussen. Wir können andere nicht zum Dharma führen, ohne ihre Bedürfnisse, Ängste und Freuden zu kennen.

Das Maharatnakuta sagt, daß Verbundenheit jene Eigenschaft in uns ist, die uns dazu verhilft, unsere Weisheit und unser Mitgefühl einzusetzen, um andere zum Dharma zu führen. Wenn wir erkennen, wie wichtig es ist, das Dharma mit anderen zu teilen, und wenn wir beginnen, aus diesem Verständnis heraus zu handeln, dann handeln wir zweifellos aus der tiefsten Quelle der Verbundenheit heraus. Es ist genau dieselbe Quelle, die Buddha beflügelte, fünfundvierzig Jahre lang zu predigen. Selbst wenn wir diese Quelle nur in geringem Maße wahrnehmen, können wir gewiß sein, daß wir den inneren Buddha spüren. In dem Maße, wie wir die Notwendigkeit verstehen, andere zum Dharma* zu führen, sind wir Buddha gleich.

Der Sinn des Großmuts liegt darin,
die Wurzeln des Bodhi-Geistes zu stärken.*
Der Sinn von Lob besteht darin,
die Knospen des Bodhi-Geistes zu nähren.
Der Sinn guten Verhaltens liegt darin,
die Bodhi-Blumen zum Blühen zu bringen.
Der Sinn der Verbundenheit liegt darin,
die Früchte der Bodhi-Weisheit reifen zu lassen.
- aus dem Maharatnakuta

Kapitel 23

Freunde

Es gibt vier Arten von Freunden,
dies sollt ihr wissen.
Manche sind wie Blumen,
andere wie Waagschalen.
Manche wie ein Berg
und manche wie die Erde.

- aus dem Fo Shuo Pei Sutra

Jeder braucht Freunde. Es ist nicht nur notwendig, dieses Bedürfnis wahrzunehmen, sondern auch zu erkennen, daß nicht alle Freunde gleich sind. Manche Freunde helfen uns zu wachsen, während andere uns dabei behindern und sogar schaden. Wie erkennen wir jedoch den Unterschied zwischen hilfreichen und schädlichen Freunden? Das Fo Shuo Pei Sutra gibt uns zu diesem Thema Rat. Es unterscheidet zwischen vier Arten von Freunden:

Freunde, die uns wie Blumen behandeln

In guten Zeiten schmücken sie ihr Haupt mit uns.
Welken wir, werfen sie uns weg.
Geht es uns gut, behandeln sie uns gut.
Werden wir arm, verlassen sie uns.

Das Sutra will damit sagen, daß Menschen, die selbst wie Blumen sind, uns auch wie Blumen behandeln. Wenn wir in Fülle schwelgen, bei guter Gesundheit sind und voller Frohsinn, werden sie ihr Leben mit uns schmücken. Sobald die Blüte aber aus irgendeinem Grunde vergeht, werden sie uns wegwerfen wie welke Blumen. Dieses Gleichnis soll beschreiben, wie vergänglich und wenig verläßlich Beziehungen dieser Art sein können. Solche Freunde können sehr charmant und anziehend erscheinen, aber da sie nur aus samsarischen* Gründen mit uns verkehren wollen, sollten wir uns davor hüten, uns allzusehr an sie zu binden.

Jeder hat wohl schon Erfahrungen mit solchen Menschen gemacht. Also sollten wir den Schmerz und den Schaden bedenken, der uns dadurch zugefügt wurde. Angesichts dessen sollten wir dafür sorgen, daß wir selbst in unseren Freundschaften aufrichtig sind.

Lesen wir die Beschreibung des Sutra über Freunde, die wie Blumen sind, ist es außerdem wichtig, kein Urteil zu fällen. Das Sutra bietet uns das Gleichnis der Blume an, um uns vor Schaden zu bewahren, und nicht, um uns eine Entschuldigung dafür zu liefern, anderen Schaden zuzufügen. Wir sollten darauf achten, welche Menschen wir Freunde nennen, aber wir sollten niemals urteilen oder grausam sein. Wir sollten nicht vergessen, daß einige Menschen wie Blumen erscheinen, weil sie sich herzlos verhalten oder vielleicht ein wenig zu verzweifelt versuchen, unsere Freunde zu sein. Aber selbst wenn wir merken, daß jemand uns nur dazu benutzt, sein eigenes Leben zu schmücken, sollten wir uns nicht von ihm abwenden, weil wir vermeiden möchten, daß er das mit uns macht! Es wäre besser, sich ein wenig Zeit zu nehmen, um ihm das Dharma* näherzubringen und ihm dabei behilflich zu sein, sein Blickfeld zu erweitern, damit er die weitaus schönere und wahrhaftigere Blume des Bodhi-Geistes* sehen kann.

Freunde, die wie Waagschalen sind

Sind wir schwer, neigen sie ihr Haupt.
Sind wir leicht, erheben sie ihr Haupt.
Haben wir Besitztümer, achten sie uns.
Haben wir nichts,
werden sie hochmütig und stolz.
- aus dem FO SHUO PEI SUTRA

Manche Freunde sind wie Waagschalen: Bist du schwerer als sie, neigen sie ihr Haupt vor dir, bist du leichter, erheben sie sich über dich. Solche Freunde urteilen ständig über uns. Sie neigen dazu, das Leben in Begriffen von hoch und niedrig zu betrachten. Ihr Urteil über andere gründet im allgemeinen auf ihrer Auffassung von gesellschaftlichem Rang und nicht auf den tiefen Gefühlen, die der eigentliche Ursprung wahrer Freundschaft sind.

Diese ausgesprochen menschliche Neigung ist weit verbreitet. Das alte Kastensystem Indiens stützt sich auf ein Wertesystem, das einige Menschen über andere stellt. Rassismus entspringt denselben Wurzeln, genauso wie die auf Konkurrenzdenken beruhenden und gewalttätigen Triebe der Menschheit.

Manchmal zeigen Freunde, die wie Waagschalen sind, Gefühle, die den oben beschriebenen genau entgegengesetzt sind. Sind wir schwer von Erfolg, werden sie neidisch und wütend; werden wir durch Verlust leichter, sind sie wieder freundlich. Auch diese Art Freunde betrachten das Leben mit Augen, die hauptsächlich auf den weltlichen Rang blicken. Solche Menschen trachten jedoch eher danach, andere zu erniedrigen, als sich selbst zu erheben.

Was ist zu tun, wenn ein Freund beginnt, Neidgefühle gegen uns zu hegen? Wie sollen wir mit ihm umgehen? Diese Frage ist schwer zu beantworten, denn es gibt viele Arten von Menschen und viele Arten von Neid. Die Schwierigkeit liegt hier in der Tatsache, daß Neid nur allzu oft zu Wut oder Haßgefühlen führt. Wenn Freunde, die insgeheim wütend auf uns sind, ihren Ärger hinter der Maske fortgesetzter Freundschaft verbergen, dann hat dieses weitverbreitete Problem seinen kritischsten Punkt erreicht.

Die einfachste Art, mit verärgerten oder neidischen Freunden umzugehen, ist Gleichmut und Mitgefühl zu üben und nicht mit ihnen zu streiten. Oftmals wird das Problem dadurch beseitigt. Sollte dies nicht der Fall sein, können wir als Buddhisten nichts anderes tun, als uns weiterhin in Gleichmut und Mitgefühl zu üben. Es ist nicht richtig, unsere Freunde aufzugeben, aber manchmal kann es sinnvoll sein, ein wenig Abstand zwischen uns und sie zu bringen, wenn wir erkennen, daß die Gefühle zwischen uns und ihnen außer Kontrolle geraten. Größtenteils ist es die Vertrautheit zwischen Menschen, welche die stärksten und am wenigsten zu zügelnden Gefühle erzeugt. Haben wir die oben beschriebenen Vorgehensweisen ausprobiert und werden trotzdem von einem Freund verletzt, bleibt uns als Buddhisten nur der eine Ausweg – uns weiterhin in Gleichmut und Mitgefühl zu üben.

Wir alle brauchen das Dharma* gerade deshalb, weil die Welt nicht vollkommen ist. Freunde streiten miteinander, Familienmitglieder betrügen einander, und selbst Liebe kann sich in Haß verwandeln. Um zu verhindern, daß sich zwischen Menschen ungünstige Verhältnisse dieser Art entwickeln, ist es oftmals am besten, sich gemeinsam mit dem Dharma* auseinanderzusetzen. Die Lehren Buddhas enthalten alles, was wir brauchen, um das Leben verstehen zu können; sie sind vollkommene Lehren, und wenn Freunde das Dharma häufig zusammen erörtern, schützen sie sich davor, von dunklen Gefühlen überfallen oder von unbewußten Bereichen ihrer Persönlichkeit gelenkt zu werden.

Freunde, die wie Berge sind

Vögel und Wild scharen sich dort zusammen,
als wäre es ein goldener Berg;
ihr Fell und ihre Federn spiegeln sein Licht.
Großmut erzeugt Großmut in anderen
und hat Teil an ihrer Freude und ihrem Segen.
- aus dem FO SHUO PEI SUTRA

Manche Freunde sind wie große Berge. Sie können Wälder und Tiere auf ihren Hängen beherbergen. Sie lassen alles zu, was über sie hinwegzieht, und erlauben jedem, in ihrer Nähe zu leben. Sie wehren sich nicht gegen schlechtes Wetter, und selbst nach Jahren heftiger Stürme sind sie weitgehend unverändert. Wir alle sollten danach streben, so zu sein, und wenn wir das Glück haben, solche Freunde zu finden, sollten wir sie mit größter Achtung und Umsicht behandeln. Gleichmut, Verständnis, Mitgefühl und die Fähigkeit, ein guter Freund zu sein, sind die Wesenszüge eines Buddhas; erkennen wir sie in einem Mitmenschen, sollten sie wie Erscheinungsformen Buddhas verehrt werden, denn das ist, was sie sind.

Freunde, die wie die Erde sind

Großes Glück und großer Reichtum
erzeugen Achtung bei allen.
Ist der Reiche großzügig und hilfsbereit,
werden auch alle dankbar sein.
- aus dem FO SHUO PEI SUTRA

Manche Freunde gleichen der Erde. Sie sind großherzig und offen. Sie können alles tragen. Sie sind ein Quell des Lebens und eine Grundlage für alles, was wächst. Die Zeile *„Großes Glück und großer Reichtum“* beschreibt einen Mensch beschrieben, der begabt und tugendhaft ist. Geht solch ein Mensch großzügig mit seinen Fähigkeiten um, gleicht er der Erde insofern, als viele Menschen von ihm lernen können und viele von ihm genährt werden. Ist dieser Mensch auch noch wohlhabend, ist er umso besser in der Lage, anderen zu helfen.

Es ist wichtig für uns, danach zu streben, in unseren Freundschaften den Bergen und der Erde zu gleichen; und es ist wichtig, daß wir diese Eigenschaften voll und ganz anerkennen und würdigen, wann immer wir sie in anderen entdecken.

Wenn du einen wahren Freund gefunden hast,
hast du das Beste im Leben gefunden,
und das Leben wird dir nicht mehr so hart erscheinen.
- aus dem Ekottarika Agama

Kapitel 24

Freundschaft

Berührst du das Gras,
in dem ein Fisch gelegen hat,
werden deine Hände nach Fisch riechen;
und so verhält es sich auch
im Umgang mit schlechten Freunden.
- aus dem Abhiniskramana Sutra

Die Bedeutung von Freundschaft

Freunde sind wichtig. Es gibt nicht vieles im Leben, das wichtiger ist, als die Menschen, die wir zu unseren Freunden machen. Sie sind es, die unser Wachstum fördern und denen wir im Gegenzug verpflichtet sind zu helfen. Da wir unsere Freunde bewußt auswählen, sind Freundschaftsbeziehungen einerseits schwieriger aufzubauen als familiäre Beziehungen, andererseits aber oftmals sehr viel wertvoller.

Konfuzius sagt: „*Wenn wir mit einem guten Menschen zusammenleben, merken wir bald gar nicht mehr, wie er uns zum Besseren verändert. Es ist, als befänden wir uns in einem Raum voller Orchideen; nach einer Weile nehmen wir ihren Duft nicht mehr wahr.*

Wenn wir mit einem schlechten Menschen zusammenleben, merken wir bald nicht mehr, wie er uns zum Schlechten verändert. Es ist, als befänden wir uns auf einem Fischmarkt; nach einer Weile nehmen wir den Gestank nicht mehr wahr."

Wenn wir gute Freunde haben, sollten wir stets bemüht sein, den Wert ihrer Gesellschaft zu schätzen, und niemals vergessen, was wir durch sie gewonnen haben. Gleichzeitig sollten wir nicht einfach blindlings Freundschaften schließen. Es gibt unzählige verschiedenartige Menschen auf dieser Welt, aber viele davon sind nicht gut. Hast du Freunde, die dich dazu ermuntern, die buddhistischen Gebote zu brechen, solltest du dir besser neue Freunde suchen. Wir sollten alles tun, was in unserer Macht steht, um anderen zu helfen; wenn aber ihre Gesellschaft einen anhaltend schlechten Einfluß auf unser Verhalten ausübt, so sollten wir erkennen, daß uns diese Beziehung nicht gut tut und es wahrscheinlich besser wäre, sie zu beenden oder zumindest stark einzuschränken. Freunde sind sehr wichtig für unser Wachstum und unsere Entwicklung, und deshalb sollten wir in der Wahl unserer Freunde sehr sorgfältig sein.

Vom Wert guter Freunde

Das Sigolavada Sutra sagt, daß gute Freunde vier Grundeigenschaften besitzen:

1. Sehen sie uns Unrechtes tun, weisen sie uns darauf hin.
2. Sie sind freundlich zu uns.
3. Sie haben Freude daran, anderen zu helfen.
4. Sie lassen uns in Zeiten der Not nicht im Stich.

Diese vier Punkte sind ausgesprochen wichtig; sie offenbaren eine Grundeinstellung, die nicht nur in Bezug auf Freundschaft von wesentlicher Bedeutung ist, sondern auch unentbehrlich, um im Buddhismus Fortschritte zu erzielen. Betrachten wir sie einmal etwas näher:

1. *Sehen sie uns Unrechtes tun, weisen sie uns darauf hin*. Ein Freund, der sich so verhält, wird viel Unheil von uns fernhalten. Denke dar-

an – es ist immer von Vorteil, eine zweite oder dritte Meinung einzuholen, was unser Verhalten betrifft. Solch ein Freund wird uns vermutlich in vielen Situationen ein gutes Beispiel sein: Wir können von unseren Freunden viel darüber lernen, wie wir uns verhalten sollten. Ein solcher Freund ist mit Sicherheit auch ein mitfühlender und aufmerksamer Mensch; Freunde sagen uns ihre Meinung gewöhnlich nur dann, wenn es zu unserem Besten ist. Gute Freunde helfen uns dabei, uns von Illusionen zu befreien. Sie betrügen uns nicht, und sie versuchen uns aufzuhalten, wenn sie sehen, daß wir vom Weg abkommen.

2. *Sie sind freundlich zu uns.* Freundlichkeit ist die Grundlage jeder Freundschaft. Warum sollten wir mit jemandem befreundet sein, der nicht freundlich zu uns ist? Gute Freunde freuen sich, wenn wir etwas erreichen und Fortschritte machen. Zugleich werden sie aber auch besorgt sein, wenn sie sehen, daß wir etwas Falsches tun. Sie werden hinter unserem Rücken nicht schlecht über uns reden, und sie werden alles tun, um unseren guten Ruf zu fördern. Wenn sie jemanden schlecht über uns reden hören, so werden sie uns verteidigen und dem abfälligen Gerede ein Ende setzen.
3. *Sie haben Freude daran, anderen zu helfen.* Diese Freunde werden sich nicht verstecken, wenn wir ihre Hilfe brauchen, und sie werden uns nicht dazu verleiten, Fehler zu machen. Sie werden uns niemals ängstigen, und wenn wir uns mit ihnen unterhalten, können wir stets auf ihre Ehrlichkeit zählen. Sollte sich unser Leben in irgendeiner Weise verbessern, so werden sie nicht eifersüchtig werden oder versuchen, unser Leben zu untergraben.
4. *Sie lassen uns in Zeiten der Not nicht im Stich.* Solche Freunde werden nie unsere Geheimnisse verraten oder Dinge, die wir ihnen anvertraut haben, dazu benutzen, um uns hinterrücks zu schaden. Sie sind beständig in Zeit und Raum; wir wissen, daß sie auch in Zu-

kunft unsere Freunde sein und sich immer als Freunde erweisen werden, auch wenn wir gegenwärtig nicht mit ihnen zusammen sind.

Wann immer wir einen Freund finden, der diesen Beschreibungen entspricht, so sollten wir ihn hüten wie einen Schatz und jede Gelegenheit nutzen, seine Güte zu erwidern. Solche Freunde werden uns viel Gutes bringen. Sie werden unser Wachstum beschleunigen wie nichts sonst auf der Welt. Es versteht sich von selbst, daß es für jeden Buddhisten erstrebenswert ist, anderen solch ein Freund zu sein.

Das ABHINISKRAMANA SUTRA sagt: „*Wenn wir unsere Hände in Garuholz-Weihrauch, in Moschus oder in wohlriechenden Ziest tauchen, so werden unsere Hände diese Düfte sogleich annehmen; genauso verhält es sich, wenn wir unsere Zeit mit guten Menschen verbringen.*"

Schlechte Freunde sind gefährlich

Das SIGALOVADA SUTRA erwähnt vier Grundtypen von Menschen, die schlechte Freunde sind:

1. Freunde, die gierig sind oder deine Angst dazu benutzen, dich zu täuschen,
2. Freunde, die dir schmeicheln, um ihr Ziel zu erreichen,
3. Freunde, die Respekt vortäuschen, um dir zu schmeicheln und
4. Freunde, die in Freundschaft allein Vergnügen suchen.

Wir wollen nun diese vier Typen etwas genauer betrachten.

1. *Freunde, die gierig sind oder deine Angst dazu benutzen, dich zu täuschen*. Solch ein Mensch will immer mehr von dir. Gibst du ihm den kleinen Finger, wird er bald die ganze Hand wollen. Für ein wenig Hilfe seinerseits verlangt er ein Vielfaches zurück. Diese Art Mensch nutzt häufig die Angst anderer aus, um sie zu gängeln; er wird dich

an sich ziehen, indem er versucht, mittels Schuldgefühlen oder Angst Macht über dich zu gewinnen. Seine Beweggründe entspringen sämtlich der Sorge um sein eigenes Wohlergehen, und nichts oder nur wenig dessen, was er mit dir oder für dich tut, hat andere Ursachen.

2. *Freunde die schmeicheln, um ihr Ziel zu erreichen*. Solch ein Mensch wird dich stets loben, egal was du tust; sobald du aber deine Macht oder deinen Einfluß in der Gesellschaft verlierst, wird er dich im Stich lassen. Diese Art Mensch ist von Gier beseelt; wenn er sieht, daß du etwas hast, was er gerne haben möchte, oder daß er dich benutzen könnte, um etwas zu bekommen, dann wird er sich dir nähern, dir schmeicheln und dich um Hilfe bitten. Es mag aussehen, als ob er tatsächlich Hilfe bräuchte, aber sein einziger Beweggrund ist die Gier. In dem Augenblick, in dem du ihn brauchst, wird er verschwinden.
3. *Freunde, die Respekt vortäuschen, um dir zu schmeicheln*. Solche Freunde werden dich nicht warnen, wenn sie sehen, daß du dich schlecht verhältst, und sie werden dir nicht ihre Hilfe anbieten, selbst wenn sie die Gelegenheit dazu erkennen. Wenn sie eine Möglichkeit sehen, durch dich etwas zu gewinnen, stehen sie vor der Tür. Sehen sie aber, daß es nichts zu gewinnen gibt, wenden sie sich ab.
4. *Freunde, die in Freundschaft allein Vergnügen suchen*. Diese Art Mensch wird seine Zeit nur dann mit dir verbringen, wenn gegessen oder Alkohol getrunken wird, oder wenn er sonstigen niederen Beschäftigungen frönen kann wie Glücksspiel, Drogenkonsum, sexuellen Ausschweifungen oder anderen liederlichen Anreizen der Sinne.

Die meisten Menschen sind eine Mischung aus all den guten und schlechten Neigungen, die in diesem Kapitel beschrieben wurden. Sie alle sind empfindungsfähige Wesen, und sie alle verdienen unser Mitgefühl voll und ganz. Trotzdem neigen einige Menschen dazu, sich weitaus schlechter zu verhalten als andere. Wenn du feststellst, daß du häufigen Umgang mit jemandem mit vielen schädlichen Neigungen hast, solltest du dich schützen, indem du Abstand zwischen euch bringst, sobald du spürst, daß du nachteilig beeinflußt wirst. Die Menschen, mit denen wir oft zusammen sind, üben den stärksten Einfluß auf unser Leben aus. Wir alle sollten unser Bestes tun, all jenen gute Freunde zu sein, die mit uns verkehren. Gleichzeitig sollten wir darauf achten, unsere Zeit mit Menschen zu verbringen, die uns auf gesunde und bereichernde Weise beeinflussen. Das Leben ist zu kurz, um es damit zu verschwenden, in all die niedrigen Gefühle abzuschweifen, die uns die Welt ständig beschert.

Verbringst du deine Zeit mit schlechten Freunden,
wirst du in diesem Leben nichts erreichen,
und zusammen mit deinen Begleitern
wirst du im nächsten Leben in die niederen Reiche fallen.*

Verbringst du deine Zeit mit guten Freunden,
wird sich dein Karma mit ihrem vermischen,*
und selbst wenn du in diesem Leben
scheinbar nichts erreichst,
wirst du die nötigen Voraussetzungen geschaffen haben,
um dich von allem Leid zu befreien.

- aus dem ABHINISKRAMANA SUTRA

Kapitel 25

Dankbarkeit

Auch wenn uns jemand nur
wenig Gutes tut,
sollten wir ihm das
von ganzem Herzen vergelten.
Auch wenn jemand wütend auf uns ist,
sollten wir ihn immer gut behandeln.
- aus dem Upasakashila Sutra

Dankbarkeit – ein Kernstück des Buddhismus

Das Bedürfnis, sich dafür erkenntlich zu zeigen, was andere Menschen für uns getan haben, ist eine natürliche Folge innigster Dankbarkeit. Das Gefühl, in der Schuld eines anderen zu stehen, ist ein Zeichen, daß wir uns unserer essentiellen Verbundenheit mit ihm bewußt sind. Menschen sind in Gemeinschaften lebende Wesen. Haben wir einmal die Tiefe unserer sozialen Natur erfaßt, werden wir unweigerlich das Bedürfnis verspüren, die vielen Dinge und Möglichkeiten, die uns von anderen gegeben wurden, zu erwidern.

Buddha selbst ist für uns das beste Beispiel eines Menschen, der sich an der Freude anderer erfreute und für ihr Wohlergehen alles gab, was er zu geben hatte. Buddha war nie herablassend, wenn er predigte, und nie sagte er Dinge, die andere abschreckten. Immer wenn wir anderen aus Dankbarkeit etwas geben möchten, sollten wir Buddhas Beispiel folgen.

Unser Bemühen um Herzlichkeit sollte für den betreffenden Menschen nicht zu einer Belastung werden; ebensowenig sollte es uns dazu verleiten, anmaßend zu werden oder zu glauben, daß wir dem anderen von nun an nicht mehr verpflichtet seien. Handeln wir aus dem Bedürfnis heraus, uns für eine Gefälligkeit erkenntlich zu zeigen, begleichen wir keine Rechnung oder Schuld; wir anerkennen damit den hohen Wert, den der andere für uns hat. Durch diese Anerkennung schaffen wir Bedingungen, die zu einer Vertiefung unserer Beziehung mit diesem Menschen führen.

Wann immer wir unsere Beziehung zu anderen vertiefen, sollten wir dies niemals aus einem Gefühl der Begierde oder Anhänglichkeit tun und keine Gegenleistung dafür erwarten. Während unsere Beziehungen zu anderen Wesen immer kraftvoller werden, wird uns die Bedeutung von Dankbarkeit immer mehr bewußt. Schließlich werden wir erkennen, daß zwischen Dankbarkeit, Mitgefühl und Weisheit kein wesentlicher Unterschied besteht – sie sind alle dasselbe, sie alle sind Formen des *Tathagata**-Geistes.

Wem sollten wir dankbar sein?

Über die vier wichtigsten Dinge, für die wir dankbar sein sollten, stimmen die buddhistischen Sutras im großen und ganzen überein. Es sind:

1. Die Drei Kostbarkeiten*,
2. unsere Eltern,
3. unsere Lehrer und
4. unser Volk.

Das SADDHARMA SMRITI UPASTHANA SUTRA enthält eine leicht abweichende Auflistung der vier Dinge, für die wir dankbar sein sollen. Es sagt, wir sollten Buddha dankbar sein, Sangha* sowie unseren Vätern und unseren Müttern.

Das Sutra der Gedanken über den Ursprung des Geistes sagt, daß wir unseren Eltern, allen Lebewesen, unserem Volk und den Drei Kostbarkeiten am dankbarsten sein sollten.

Die Sutras führen einige Dinge auf, denen wir die größte Dankbarkeit erweisen sollten, um uns erkennen zu lassen, wieviel wir anderen Menschen verdanken. Diese kurzen Aufzählungen sollen aber nicht dazu führen, alles andere außer Acht zu lassen. Als Buddhisten sollten wir grundsätzlich für alles dankbar sein, was uns widerfährt. Wir sollten dankbar dafür sein, daß die Sonne scheint, daß die Welt sich dreht, daß wir lebendig sind, und daß wir Bewußtheit besitzen und Dharma-Schriften lesen können. Wir sollten all jenen dankbar sein, die uns geholfen haben, das Dharma zu erlernen, und den Sanghas, die das Dharma wahren. Vor allem jedoch sollten wir Buddha dankbar sein, der den Menschen so viele Jahre lang großmütig die Lehren übermittelte, die uns heute zur Verfügung stehen.

Die richtige Art, dankbar zu sein

Im Ekottarika Agama steht: „*Wenn wir eine uns erwiesene Gefälligkeit vergelten, sollten wir uns dieser Gefälligkeit und der Hilfe, die sie uns gewesen ist, stets erinnern. Auch kleine Gefälligkeiten sollten nicht vergessen werden, und noch viel weniger ein großherziger Akt der Güte.*“

Wahre Dankbarkeit ist das Ergebnis von Empfindung und Besinnung. Wenn wir mit unseren wahren Gefühlen im Einklang sind, werden wir erleben, wie Dankbarkeit wie von selbst in uns wächst. Wenn wir tief in uns gehen, werden wir erkennen, daß alles, was wir sind, von anderen Menschen abhängig ist. Sind uns erst einmal die Augen geöffnet worden, wie können wir dann weniger als tiefste Dankbarkeit empfinden für alles, was uns umgibt?

Das SUTRA ÜBER DAS BARMHERZIGE UPAYA DES BUDDHA sagt, daß wir zur Erfüllung gelangen und der Welt die Dankbarkeit erweisen, die wir ihr schuldig sind, indem wir stets mitfühlend sind und unser äußerstes tun, um die Vier Unermeßlichen Geisteszustände* des Tathagata zu entfalten: grenzenlose Güte, grenzenloses Mitgefühl, grenzenlose Freude und grenzenlosen Gleichmut.

Das Sutra erwähnt in seinen weiteren Ausführungen über Dankbarkeit vier zusätzliche Seinszustände, die uns helfen können, der Welt gegenüber stets dankbar zu bleiben:

1. *Wenn wir einem schlechten Menschen begegnen*, sollten wir uns besinnen und bedenken, daß seine Schlechtigkeit ihn selbst am meisten belastet. Mit diesem Verständnis sollten wir ihn so mitfühlend wie möglich behandeln.
2. *Wenn wir einem Menschen begegnen, der leidet*, sollten wir uns nicht von ihm abwenden, sondern ihm soviel Trost spenden, wie wir können.
3. *Wenn wir mit unseren Eltern, unseren Lehrern oder anderen gutherzigen Menschen zusammen sind*, sollten wir Freude und Achtung empfinden. Wir sollten versuchen, auf das Mitgefühl, das sie uns entgegengebracht haben, aufzubauen, indem wir noch mehr positive Voraussetzungen auf der Welt schaffen.
4. *Wenn wir jemandem begegnen, der zornig auf uns ist*, sollten wir den Zorn nicht erwidern. Stattdessen sollten wir auf alle erdenklichen Arten versuchen, den Zorn zu mildern.

Alle großen Meister der Vergangenheit erkannten die zentrale Bedeutung von Dankbarkeit. Wenn sich unser Dankbarkeitsempfinden einmal vollständig entfaltet hat, werden wir schließlich in der Lage sein, die

Tiefe und Vollkommenheit der Lehren Buddhas in uns aufzunehmen.

Meister Yin Kuang (1862 – 1940) war dafür ein besonders gutes Beispiel: Als er einundzwanzig Jahre alt war, trat er einem Kloster bei, in dem man ihm die Arbeit des Wasserträgers zuteilte. Jeden Tag mußte er für die anderen Mönche im Kloster Wasser holen und es kochen. War das Brennholz zum Erhitzen des Wassers verbraucht, war es seine Aufgabe, in die Berge zu gehen, um neues zu holen. Seine Arbeit war schwer und von niederer Art, und doch empfand Yin Kuang nichts als Freude darüber, diesen Dienst verrichten zu können. Eines Tages sagte er zu den anderen Mönchen: *„Ihr seid alle so gut zu mir! Ihr habt mir erlaubt, hierher zu kommen und ein Mönch zu werden, und mir die Möglichkeit gegeben, unter euch zu leben und zu lernen. Es ist so wenig, aber ich werde alles tun, um es euch zu vergelten, indem ich der beste Wasserträger bin, der ich sein kann."*

Meister Yin Kuangs Geisteshaltung entsprang seinem tiefsten inneren Wesen, sie war ein Ausdruck des inneren Buddhas. Wie viele von uns hätten gemurrt und wären unzufrieden gewesen, hätten sie diese Arbeit tun müssen? Stellt euch vor, zwei Mönchen im Kloster wäre die Arbeit zugeteilt worden, Wasser zu holen und es zu kochen. Und stellt euch vor, einer von ihnen hätte sich ständig beklagt und sich seiner Pflicht entzogen, und der andere wäre Yin Kuang gewesen. Wer von beiden, glaubt ihr, hätte am schnellsten gelernt?

Alles was wir tun müssen, um wie Meister Yin Kuang zu sein, ist seinem Beispiel in unserem eigenen Leben zu folgen, ungeachtet unserer Lebensumstände.

Umgang mit unzufriedenen Menschen

Ein gut entwickeltes Dankbarkeitsempfinden zu haben, heißt nicht, daß wir niemals von Menschen umgeben sein werden, die negativ, zornig, ungeduldig oder unzufrieden sind. Der Bodhisattva* lebt in dieser Welt mit all ihren unterschiedlichen Menschen. Als Buddhisten müssen wir lernen, mit jedem einzelnen von ihnen umzugehen.

Haben wir einmal ein Gespür für Dankbarkeit entwickelt, sollte die Bereitschaft zur Vergebung auf dem Fuße folgen. Dankbarkeit und Verzeihen sind eine große Hilfe dabei, die Höhen und Tiefen menschlicher Launen und zwischenmenschlicher Beziehungen zu überwinden. Haben wir diese Tugenden verinnerlicht, können wir anderen gegenüber in allen Lebenslagen verständnisvoll und mitfühlend sein.

Wenn jemand negativ ist, sollten wir positiv sein. Wenn jemand wütend ist, sollten wir versuchen, freundlich zu sein. Wenn jemand ungeduldig ist, sollten wir geduldig sein. Und wenn jemand unzufrieden ist, sollten wir ihm helfen, zufrieden zu werden. Mache dich nicht zum Spiegel der negativen Gefühle anderer Menschen. Sind ihre Gefühle grundsätzlich negativer Natur, versuche positiv zu sein. Sind ihre negativen Gefühle speziell auf dich gerichtet, versuche, ihnen stets mit Vergebung, Güte und Mitgefühl zu begegnen. In dem Augenblick, in dem wir uns auf irgendeine Form des Negativen einlassen, wird unsere Welt unmittelbar zu einem dunkleren Ort.

Die AVADANAS sagen: „*Erwidere Zorn nicht mit Zorn. Einmal muß Zorn ein Ende haben.*" Das VIMALAKIRTI NIRDESHA SUTRA sagt, daß wir es nicht zulassen dürfen, uns mit den Verstößen unserer Freunde aufzuhalten. Buddha sagte:

Gute Mönche, alle Wesen werden
zu guter Letzt ins Nirvana eintreten.*
Es ist nur ihren unerfüllten Bedürfnissen zuzuschreiben,
daß ihr Geist verworren ist und sie es nicht erreichen.
Gute Mönche, alle Wesen erfreuen sich daran,

zu lernen und sich zum Besseren zu wandeln.
Weil aber ihr Geist von ihren Sorgen geplagt wird,
erlangen sie keine Achtsamkeit
und erreichen das Nirvana nicht jetzt.

- aus dem MAHAPARINIRVANA SUTRA

Kapitel 26

Jenseits aller Unterschiede

Beleidige und verurteile
andere Menschen nicht;
beobachte lediglich dich selbst
im Licht der Wahrheit.
- aus dem Ekottarika Agama

Der Buddhismus gründet auf der menschlichen Natur. Es gibt keine Frage zum menschlichen Verhalten, die nicht vom Dharma* beantwortet werden könnte. Die ganze Bandbreite ist abgedeckt. Dies ist übrigens auch der Grund, warum es sich für Buddhisten empfiehlt, Fragen zu stellen; vielleicht erhältst du nicht immer sofort eine Antwort, aber am Ende bekommst du sie.

Der Ekottarika Agama nennt vier grundsätzliche Empfehlungen zur Vermeidung der verbreiteten menschlichen Neigung, über andere Menschen zu urteilen oder zwischen ihnen zu unterscheiden. Diese werden in den nächsten vier Abschnitten ausführlich besprochen.

Beleidige andere nicht

„Der Berg T'ai weist keinen Klumpen Erde ab und ist dadurch riesig. Das Meer nimmt alle Ströme auf, die in es münden, und ist dadurch gewaltig."

Dieses Sprichwort drückt auf wunderbare Weise die wichtige Tatsache aus, daß wir niemanden zurückweisen, verurteilen, erniedrigen oder sonstwie herabsetzen sollten. Es ist einfach, diese Wahrheit zu verstehen, jedoch schwierig, ihre Lehre zu befolgen. Um uns selbst zu verstehen, müssen wir genau beobachten, wie wir uns verhalten. Wir schauen zum Beispiel jemanden an und entscheiden, daß wir ihn nicht mögen; oder wir hören jemanden etwas sagen, das uns nicht gefällt, und entscheiden, daß er unserer Gesellschaft nicht wert ist. Dann gehen wir ihm aus dem Weg. Dies ist der erste Schritt zu dem, was das Sutra „andere beleidigen" nennt. Beleidigungen werden in einer höflichen Gesellschaft selten in Worte gefaßt. Aber ist es keine wortlose Beleidigung, wenn wir jemandem die kalte Schulter zeigen?

Nun wollen wir einmal näher betrachten, weshalb wir anderen aus dem Weg gehen. Es gibt drei Hauptgründe für dieses Verhalten:

1. Wir fühlen, daß wir beleidigt wurden oder werden;
2. wir befürchten, die anderen könnten in irgendeiner Weise besser sein als wir;
3. wir glauben, besser zu sein als sie.

Dies sind gefährliche Einstellungen oder Neigungen und der Ausübung des Buddhismus äußerst abträglich. Jede dieser Einstellungen zeigt sowohl eine falsche Beurteilung anderer als auch unserer selbst! Wann immer wir Eifersucht, Zorn oder das Bedürfnis verspüren, jemanden zu beleidigen oder zu meiden, beruht dies in den meisten Fällen darauf, daß wir sowohl uns selbst als auch den anderen Menschen falsch eingeschätzt haben.

Das *Karma** und die Verhältnisse der Welt, in der wir leben, bringen uns in Kontakt mit anderen Menschen. Wappne dich, wenn es sein muß, aber stelle dich auch deiner eigenen Neigung, andere zu beurteilen und zu beleidigen. Gestatte niemals deiner Angst oder Feindseligkeit, dein Verhalten zu bestimmen. Was immer du lernen sollst, es wird solange auf dich warten, bis du es gelernt hast. Durch Beleidigung und Ablehnung von anderen wirst du als Buddhist nicht wachsen. Das ist gewiß.

> *Der Geist aller Wesen*
> *besitzt innere und äußere Bereiche.*
> *Was immer sie begreifen, ergreift sie*
> *und zwingt sie zu sehen, was sie sehen.*
> - aus dem Vijnaptimatratasiddhi Shastra

Urteile nicht über andere

Würden wir nie über andere urteilen, so würden wir niemals den Drang verspüren, sie zu beleidigen oder ihnen aus dem Weg zu gehen. Buddhismus beginnt und endet im Geist. Dein Geist gehört dir. Glaubst du allen Ernstes, du kannst es der Welt anlasten, wenn sich dort Beleidigungen, Zorn und Feindseligkeit ausbreiten? Ist es wirklich die Schuld eines anderen, daß du deine Eifersucht und Unzufriedenheit nicht zügeln kannst? Niemand kann in dich hineinsehen, außer du selbst. Willst du dich weiterentwickeln, dann befolge das Sutra beharrlich. Ich verspreche dir, daß du auf diese Weise rasch wachsen wirst.

Weshalb unterscheiden wir überhaupt zwischen Menschen? Der eigentliche Grund ist, daß wir das Trugbild eines abgespaltenen Selbst in uns tragen. Diese Täuschung wird durch unsere Urteile aufrechterhalten. Wenn Illusionen, die uns am Herzen liegen, bedroht werden, reagieren wir mit Eifersucht, Zorn oder Beleidigung. Der wahre Kern der Sache ist, daß wir Angst haben, daß unsere Illusionen sich fürchten. Haben wir dies verstanden, wird es uns möglich zu erkennen, wie wir Zorn oder Eifersucht einzustufen haben und sie für unser eigenes

Wohlbefinden einsetzen können. Wir können diese Gefühle nicht unterdrücken, und es wäre töricht, so zu tun, als gäbe es sie nicht. Der Buddhismus gründet auf der menschlichen Natur. Wenn diese Gefühle zum menschlichen Dasein gehören, dann sollten wir in der Lage sein, sie zu nutzen, um uns weiterzuentwickeln.

Wenn wir verstehen, daß Zorn und Eifersucht Teil des Trugbilds eines abgespaltenen Selbst sind, dann wird es einfacher sein, diese Gefühle als Hinweise zu erkennen, die uns immer unsere eigenen Illusionen aufzeigen. Zorn ist, als ob du mit dem Finger auf dein eigenes Spiegelbild zeigtest. Eifersucht veranschaulicht ganz genau, wieviel wir in den Aufbau unseres Selbst hineingesteckt haben. Wie können wir auf jemanden eifersüchtig sein, wenn wir wahrhaftig erkannt haben, daß alle Lebewesen und alle Buddhas eins sind? Wenn es unseren Freunden gut geht, sollten wir uns darüber freuen, daß sie sich entfalten konnten. Genauso wie Eifersucht ein Zeichen unserer trügerischen Begrenzungen ist, so ist das Wachstum unserer Freunde ein Zeichen, daß unser Zusammensein mit ihnen sie in irgendeiner Weise unterstützt und ihnen geholfen hat. Anstatt eifersüchtig auf unsere Freunde zu sein, sollten wir ihnen lieber Gelegenheit geben, den Gefallen zu erwidern. Wenn Freunde gegenseitige Eifersucht überwinden und einander in ihrem Wachstum unterstützen, dann werden ungeheuer kraftvolle Energien freigesetzt.

Aufmerksamkeit stützt sich auf Bewußtheit.
Wenn die Wurzeln der Bewußtheit verunreinigt sind,
wird Aufmerksamkeit niemals frei sein.

Wenn Güte nicht zurückgehalten wird,
und der Geist sich nicht festklammert,
und wenn das Selbst vom Festhalten befreit ist,

dann wird Verunreinigung nicht mehr existieren.
- aus dem Vijnaptimatratasiddhi Shastra

Beobachte dich selbst

Buddha sagte: „*Nach Meditation und innerer Einkehr sprich nicht in Worten, die über andere urteilen.*" Selbstbetrachtung und innere Einkehr müssen auf Ehrlichkeit beruhen. Tun sie das nicht, so sind sie nichts anderes als Teil des Trugbilds vom abgespaltenen Selbst. Unaufrichtige Selbstbetrachtung führt zu Zorn und verblendeter Selbstrechtfertigung. Wenn wir verblendet sind, wie können wir wissen, daß wir uns Täuschungen hingegeben haben? An den Anzeichen für Verblendung können wir es erkennen: Zorn, Eifersucht und ein starkes Bedürfnis, über andere zu urteilen.

„*Nach Meditation und innerer Einkehr sprich nicht in Worten, die über andere urteilen.*" Bewahre deinen Frieden. Verweile in einem Geisteszustand, der bar kleinlicher Unterscheidung und eigennütziger Auslegungen der ‚Wahrheit' ist. Durch Übung wird dies dein normaler Seinszustand.

Shui Yen fragte: „Was ist mit dem großen Schwert, das nicht geschärft wurde?" Meister Hsing Sze antwortete: „Es kann nicht verwendet werden." Shui Yen fragte daraufhin: „Und was ist mit dem großen Schwert, das geschärft wurde?" Meister Hsing Sze antwortete: „Es kann nicht berührt werden."
- aus den Zen-Schriften

Im Licht der Wahrheit

Das Lankavatara Sutra sagt: *„Ist die Ursache nicht gut, wird die Wirkung schlecht sein."* Das Dharma* enthält die Wahrheit und ist die Wahrheit. Das Dharma ist ein immerwährender Wegbegleiter und ein idealer Prüfstein, der uns hilft, alles zu verstehen, was uns widerfährt. Wir alle müssen uns wieder und wieder im Licht der Wahrheit prüfen, die im Dharma enthalten ist. Sind wir aufrichtig mit uns selbst, werden wir unsere buddhistische Lebensführung rasch weiterentwickeln.

*Das Mitgefühl des Tathagata**
ist der Gipfel des Dharma.
Dieses Mitgefühl hat die Kraft
alle Wesen zu erlösen,
denn es ist die höchste Wahrheit,
die zur Befreiung im Nirvana führt.*

- aus dem Mahaparinirvana Sutra

Kapitel 27

Helfen und teilen

Denke nicht bloß an dein eigenes Glück,
sondern gelobe, alle Wesen
von ihrem Leid zu erlösen.
Dies ist die höchste Form des Teilens
und die Reinheit jenseits aller Gifte dieser Welt.
- aus dem Avatamsaka Sutra

Sich selbst und anderen helfen

Es gibt vier Grundarten, die Kunst des Helfens zu betrachten:

1. Anderen helfen, aber nicht sich selbst.
2. Sich selbst helfen, aber nicht anderen.
3. Weder sich selbst noch anderen helfen.
4. Sowohl sich selbst als auch anderen helfen.

Die erste der oben erwähnten Möglichkeiten ist im Grunde ein Widerspruch in sich. Der Bodhisattva* betrachtet das Selbst und andere Menschen als ein Wesen. Wenn du anderen hilfst, hilfst du damit auch dir selbst. In unserer Welt erscheint es jedoch oft so, als ob ein Mensch anderen hilft, sich selbst aber keine Hilfe zukommen läßt. Solange diese Art des Mitgefühls keine Maske für Selbstmißbrauch darstellt, ist es eine wunderschöne, aber seltene Begebenheit. Es ist stets das Verhalten eines Menschen, der von den höchsten Wahrheiten des Lebens beflügelt ist. Ein Mensch, der in diesem Bewußtsein handelt, wird geistig und moralisch unweigerlich wachsen, und sein Wachstum wird grenzenlos sein.

Sich selbst zu helfen, ohne anderen zu helfen, birgt ebenfalls einen Widerspruch in sich, da es letztlich nicht möglich ist, ausschließlich dem Selbst zu helfen. Es scheint jedoch in dieser Saha-Welt* möglich, mehr zu bekommen, als wir geben, und das wiederum wird als ausgesprochen begehrenswert erachtet. Dies aber ist die Beweisführung der Selbsttäuschung. Solange diese Art der Logik noch Macht über dich hat, kannst du sicher sein, daß deine Bewußtheit noch Raum zu wachsen hat. Durch Selbsttäuschung gewinnst du nichts, und trügerische Logik wird dich nicht zur Wahrheit führen.

Buddha Shakyamuni verstand diese Wahrheit besser als irgend jemand sonst, und deshalb widmete er fünfundvierzig Jahre seines Lebens der Verkündung des Dharma*. Er lehrte den Bodhi-Weg*, und er lebte ihn. Auch heute noch lehrt er uns allen den barmherzigen Weg zur Befreiung vom Leiden. Dieser Weg gründet darauf, zugleich sich selbst und anderen zu helfen. Wenn wir die Wahrheit erkannt haben, die im Mitgefühl und der Weisheit liegt, anderen beizustehen, eröffnet sich uns der Bodhi-Weg als die natürlichste Sache der Welt. Wie könnte es einen anderen Weg geben? Wie könnte es richtig sein, nur sich selbst zu helfen?

Des Bodhisattva* Verpflichtung gegenüber anderen ist gleichzeitig gefühlvoll und weise. Wenn sowohl Weisheit als auch Gefühl zum selben Zweck eingesetzt werden, kann dessen Erfüllung durch nichts verhindert werden. Es gibt nichts Machtvolleres in dieser Welt. Fan Chung-yen aus der Sung-Dynastie (960 – 1278) sagte: *„Denke zuerst an jene, die Not leiden in dieser Welt, und schenke ihnen dein Mitgefühl. Denke zum zweiten an die Freuden dieser Welt, und teile sie.“*

Das Gelöbnis von Buddha Amitabha*, sich selbst und anderen zu helfen, war so mächtig, daß es dazu ausreichte, sein Reines Land* entstehen zu lassen. Bodhisattva Kshitigarbha* gelobte: *„Bevor die Hölle nicht leer ist, werde ich nicht zum Buddha."* Die Entschlossenheit und das Mitgefühl, die dieses Gelübde entstehen ließen, sind wahrlich überwältigend. Dies ist die höchste Stufe der Kraft, derer ein Bodhisattva fähig ist. Die Kraft, die auf der Hingabe an andere Menschen beruht, ist so großartig, daß allein der Gedanke daran genügt, um das Herz zu berühren. Wir alle sollten uns von Zeit zu Zeit auf die Tiefe des Mitgefühls besinnen, die solch ein Gelöbnis hervorzubringen vermag. Wenige von uns können darauf hoffen, diese Tiefen selbst zu erfahren; aber es kann uns allen nur zugute kommen, die Kraft und den Großmut jener zu betrachten, die sie erfahren haben.

Die höchste Form des Teilens

Teilen ist eine Form von Großmut oder Mitgefühl. In seiner höchsten Form bedeutet es, uns selbst mit anderen zu teilen. Wenn wir das Beste in uns mit anderen teilen – unsere beste Weisheit, unsere besten Gedanken, unsere besten Gefühle – dann schenken wir uns der Welt. Diese Art Geschenk muß in vollkommener Bescheidenheit dargereicht werden. Wir müssen unseren Geist von Selbsttäuschung und vorgefaßten Meinungen über andere befreien. Das Beste in uns zu teilen, bedeutet einfach, stets unser Bestes zu geben.

Diese Art des Teilens ist eine der wundervollsten Übungen buddhistischer Lebensführung. Sie ist vergleichbar mit dem Bild einer Kerze, die du in der Hand hältst, und mit deren Flamme du den Docht der Kerze in eines anderen Menschen Hand entzündest. Diese Tat mindert in keiner Weise das Licht deiner eigenen Kerze; es vergrößert lediglich die Menge an Licht, die allen zur Verfügung steht.

Wir können das Teilen auch mit dem Pflanzen eines Samens vergleichen. Im ersten Moment mag es aussehen, als ob einige Samen verlorengegangen wären, aber bald wird sich zeigen, daß wir eine ganze

Ernte gewonnen haben. Wenn wir teilen, verlieren wir nichts. Wir gewinnen nur. Wann immer wir teilen, schenken wir anderen positive Energie, so daß diese Tat letzten Endes allen Lebewesen zugute kommt.

Das ANMERKUNG ZUM AVATAMSAKA SUTRA beschreibt zehn Grundarten des Teilens:

1. *Von uns selbst nehmen und anderen geben.* Bei dieser Form des Teilens geben wir insbesondere unsere Verdienste an andere weiter.
2. *Das Wenige nehmen und den Vielen geben.* Hier nutzen wir unsere geringen Fähigkeiten und unsere kleine Ansammlung von Verdiensten und geben unser Bestes, damit alle Lebewesen daraus Nutzen ziehen können.
3. *Vom eigennützigen Pfad nehmen und dem großen Pfad geben.* Hier verwenden wir unsere wenigen Erkenntnisse, die wir auf geringeren Pfaden gesammelt haben, und reichen sie dem großen Pfad des Mahayana-Buddhismus* dar.
4. *Kleine Ursachen nehmen und sie in große Wirkung verwandeln.* Hier erkennen wir, daß alle Erscheinungen dieser Welt bestimmten Ursachen entspringen. Anstatt unser Augenmerk auf die Auswirkungen von vergangenem Karma* zu richten, das sich jetzt offenbart, lenken wir sie auf die Bedingungen, die wir in diesem Augenblick erschaffen. Diese neugeschaffenen Ursachen werden allen Wesen später viel Gutes bringen, wenn wir ihnen jetzt gebührende Aufmerksamkeit schenken.
5. *Das Unvollkommene annehmen und es vervollkommnen.* Der Bodhisattva* kann sich der Lebensweise gewöhnlicher Menschen anpassen, um sie zur höchsten Wahrheit zu führen.
6. *Alle Probleme und Alltäglichkeiten dieser Welt in Mittel zur Erleuchtung umwandeln.* Besonders im humanistischen* Buddhismus werden die Verhältnisse dieser Welt und die Bedürfnisse der Menschen nicht übersehen. Im Gegenteil, wir nutzen die Prüfungen dieses Le-

bens, um unsere Lebensführung zu verfeinern und für alle Wesen eine Bereicherung zu sein.

7. *Die Geschehnisse dieses Lebens annehmen und sie in die Wahrheit eines erleuchteten Geistes verwandeln.* Wir müssen lernen, alles, was in dieser Welt geschieht, als Offenbarung einer höheren Wahrheit zu sehen, die weder geboren wird noch stirbt.
8. *Verschiedenheit betrachten und in ihr das Eine sehen.* Wir müssen lernen, die Einheit zu sehen, die allen Lebewesen und allen Erscheinungen zugrundeliegt. Dies ist die Vision des Dharma*, das ungehindert überall hinfließt.
9. *Das Weltliche annehmen und das Transzendente darin erkennen.* Alles Gute, das in dieser Welt vollbracht wird, wird zu einem Mittel, um über diese Welt hinauszuwachsen. Das Wissen um transzendente Wahrheiten ist eine wichtige Grundlage, um andere zu lehren und ihnen zu helfen.
10. *Die höchsten Wahrheiten des Dharma in dieser Welt der Ereignisse und Erscheinungen anwenden.* Dies ist die vollendete Zusammenfassung der Aufgabe eines Bodhisattva. Ein Bodhisattva ist ein Kanal für transzendente Wahrheiten und ein Beispiel für die Vollkommenheit des Dharma in dieser Welt.

Teilen üben

Wahres Teilen ist selbstlos. Es ist ein Austausch von Energie zwischen dem „Selbst“ und der „Welt“. Da letzten Endes sowohl das „Selbst“ als auch die „Welt“ nichtig sind, können wir sagen, daß Teilen nichts anderes als höhere Bewußtheit ist. Genau wie Mitgefühl ist es eine Erscheinungsform des erleuchteten Geistes.

„Alle Herrlichkeit dem Buddha, aller Gewinn den anderen, alle Kraft dem Kloster und aller Verdienst den Wohltätern.“ Wenn wir wahrhaft

beflügelt sind zu teilen, behalten wir nichts für uns selbst, da das Selbst völlig im Teilen aufgeht. Wir alle sollten jeden Tag etwas Zeit damit verbringen, uns darauf zu besinnen, wieviel von unserem Leben bereits aus Teilen mit anderen besteht. Unsere Nahrung, Kleidung, Fahrzeuge, Arbeitsplätze, Sprache und Erziehung, selbst unsere tiefste Wesensstruktur hängt gänzlich vom Teilen ab; ohne das Zutun anderer Menschen wären wir all dieser Dinge beraubt. Betrachten wir dieses Teilen aus buddhistischer Sicht, wird es sich nach und nach so anfühlen, als würden wir zwischen den sich vermischenden Energien anderer Menschen und Dinge dahingleiten. Dies ist ein wahres Bild der Wirklichkeit. Wir alle sind diese anderen Wesen und Dinge: in Wirklichkeit gibt es keine Trennung zwischen uns.

Das Lotus Sutra enthält folgende Zeilen, die immer rezitiert werden können, wenn wir spüren, daß etwas Gutes vollbracht worden ist:

Welcher Wert auch immer
aus dieser Tat erwachsen ist,
möge er zu allen Wesen im Universum finden.
Ich hoffe, daß alle Lebewesen,
einschließlich meiner selbst,
Buddhaschaft erlangen werden.

Kapitel 28

Mitgefühl

Mitgefühl ist der Vater,
der Bodhi-Geist die Mutter.*
Gute Vorgehensweisen sind wie Freunde,
denn sie erlösen alle Lebewesen.

- aus dem Sutra der Grossen Sammlung der Wahren Dharmas

Mitgefühl ist der Vater

Mitgefühl beseitigt Leiden und schafft Freude. Das Sutra sagt: *„Die Kraft des Dharma* ist jenseits aller Ausdrucksmöglichkeiten. Nichts kann Mitgefühl aufhalten.“*

Mitgefühl ist die Quelle alles Guten. Mitgefühl ist das Herz des Buddhismus. Mitgefühl ist eine Empfindung. Es ist ein Geisteszustand. Es ist der Bodhi-Geist. Es ist die Buddha-Natur* und die höchste Wirklichkeit. Mitgefühl ist Wahrheit in ihrer reinsten Form.

Die Sutras wiederholen dies viele Male an vielen verschiedenen Stellen. Sie sagen: *„Mitgefühl kommt an erster Stelle“* oder *„Mitgefühl ist die Quelle“* oder *„der Bodhisattva* wird aus Mitgefühl geboren und aus nichts anderem.“*

Wir alle wurden aus den Samen unserer Väter gezeugt und ins menschliche Leben geboren. Ohne diesen Samen wären wir nicht hier. Genauso wenig ist es möglich, ohne den Samen des Mitgefühls in die Fülle der Buddha-Natur hineinzuwachsen, und deshalb sagt das Sutra der Grossen Sammlung der Wahren Dharmas: *„Mitgefühl ist der Vater."*

Das Avatamsaka Sutra spricht von zehn Bedingungen, die zu Geburt und Wachstum von Mitgefühl führen:

1. Erkennen, daß wir von allen Lebewesen abhängig und Teil von ihnen sind.
2. Erkennen, daß die Menschen in ihrem tiefsten Inneren zerrüttet sind.
3. Erkennen, daß es den Menschen an Güte mangelt.
4. Erkennen, daß die Menschen sich in einer Art Tiefschlaf befinden.
5. Erkennen, daß die Menschen viel Schlechtes tun.
6. Erkennen, daß die Menschen von ihren Wünschen und Begierden beherrscht werden.
7. Erkennen, daß die Menschen tief im Meer von Geburt und Tod versunken sind.
8. Erkennen, daß die Menschen entsetzlich leiden.
9. Erkennen, daß die Menschen nichts Gutes tun wollen.
10. Erkennen, daß die Menschen weit vom Dharma entfernt sind.

Es lohnt sich durchaus, über diese zehn Bedingungen nachzudenken. Die Menschen sind verblendet, zornig und sehr oft mißmutig. Wenn wir ihnen helfen wollen, ist es wichtig, nicht zu viele falsche Vorstellungen von ihnen zu haben, bevor wir anfangen.

Der Bodhi-Geist ist die Mutter*

Der Bodhi-Geist ist der Teil von uns, der nach der Buddha-Natur strebt, während er gleichzeitig versucht, anderen zu helfen. Wenn wir in unseren Tugenden nur wachsen wollen, um Verdienste anzuhäufen, werden wir zwar in den Himmel kommen und längere Zeit in angenehmer Umgebung verbringen, jedoch letztendlich wieder auf eine der tieferen Ebenen zurückfallen. Wenn wir uns nur weiterentwickeln wollen, um uns aus dem Kreislauf von Geburt und Tod zu befreien, dann werden wir den Punkt verpassen, an dem wir ihm entrinnen können. Unser Bewußtsein wird für längere Zeit auf einer niederen Ebene bleiben. Das Avatamsaka Sutra sagt: *„Jemand, der die Verbindung zum Bodhi-Geist verloren hat und trotzdem versucht, Güte zu entwickeln, wird dämonischen Kräften zum Opfer fallen.“*

Der *Bodhi*-Geist ist der Mittelweg, der zugleich sein eigenes und das Wohl anderer Menschen sucht. So wie eine Mutter sich selbst ernähren und pflegen muß, um ihr Kind zu ernähren, erstrebt der Bodhi-Geist sein eigenes Wachstum, während er keine Anstrengung scheut, anderen zu helfen.

Der Bodhi-Geist gleicht einer mitfühlenden Mutter,
weil er alle Bodhisattvas gebiert und großzieht.*
- aus dem Avatamsaka Sutra

Gute Vorgehensweisen sind wie gute Freunde

Gute Freunde helfen sich gegenseitig und lassen einander nicht im Stich. Jede gute Vorgehensweise, die uns hilft, der Wahrheit näherzukommen, kann mit einem guten Freund verglichen werden.

Die weisen Vorgehensweisen des Buddhismus vermögen alle Lebewesen aus dem Meer des Leidens emporzuziehen. Buddha lehrte zu diesem Zweck die Vier Edlen Wahrheiten* und die Drei Siegel des Dharma*. Diese Methoden sowie der Edle Achtfache Weg* sind unbedingt notwendig für die Ausübung und das Verständnis des Buddhismus. Sind wir darin erst gut bewandert, können wir beginnen, die Fünf Gebote* zu achten, dann in der Entwicklung der Vier Grenzenlosen

Geisteszustände* voranschreiten und mittels der Zehn Heilsamen Taten* die Wahrheit erkennen.

Neben diesen weisen Vorgehensweisen gibt es im Buddhismus viele weitere Wegmarkierungen, die uns zu einer richtigen Einschätzung der bewußten Wirklichkeit verhelfen. Dazu gehören unter anderem die Siebenunddreißig Bedingungen, die zur Buddhaschaft führen, und die Zweiundfünfzig Stufen des Bodhi-Pfads*. Buddha zeigte uns viele Wege, das Leben zu verstehen. Wir können diese Wege einen nach dem anderen verstehen oder alle auf einmal. Das Wichtigste ist jedoch, daran zu denken, daß Mitgefühl der Ursprung von allem ist. Wie Buddha sagte:

Der Bodhisattva ist unsagbar groß.
Warum sage ich dies? Weil der Bodhisattva
in seinem tiefsten Inneren weiß, daß Geburt und Tod
das Ergebnis und die Ursache aller Arten von
Verstößen sind. Der Bodhisattva betrachtet das
Nirvana und dessen Erhabenheit. Er vergleicht
es mit dem Kreislauf von Geburt und Tod,
in dem alle Lebewesen gefangen sind
und entsetzlich leiden,
und er wendet sich nicht von ihnen ab.
Deshalb sage ich, der Bodhisattva
ist unsagbar groß.

- aus dem Mahaparinirvana Sutra

Kapitel 29

Menschlichkeit

Wenn er lächeln sollte,
lächelt er nicht.
Wenn er Freude empfinden sollte,
fühlt er keine.
Wenn er mitfühlend sein sollte,
ist er es nicht.
Wenn er seine eigenen Fehler entdeckt,
lernt er nicht aus ihnen.
Wenn er von guten Dingen hört,
ist er nicht froh.

- aus dem Ekottarika Agama

Sei nicht so ein Mensch! Wir alle sollten lernen, unsere Gefühle schlicht, offen und ohne Umwege auszudrücken. Natürlich sollte niemand seine Gefühle zur Schau stellen, aber Gefühle vorzutäuschen oder zu verbergen ist zweifelsohne eine Form des Lügens. Helft einander und laßt das Leben freudig in und durch euch fließen. Jene, die mit den alltäglichen Gefühlen des Lebens in Berührung stehen, werden immer die Glücklicheren sein.

Freunde gewinnen

Unsere Freunde sind die wenigen Menschen, die wir in diesem unermeßlichen Universum kennen. Schätze die Freunde, die du hast, und sei immer offen dafür, neue Freundschaften zu schließen. Im Buddhismus ist der Begriff der Freundschaft von wesentlicher Bedeutung, da er mit der Vorstellung des Karma* verbunden ist. Demnach ist es kein Zufall, daß genau diese Menschen in deinem Leben erscheinen; einige von ihnen sind mit Sicherheit Freunde aus früheren Leben, und alle werden es zweifellos in zukünftigen Leben sein. Jeder von ihnen hat etwas, das er dich lehren soll. Ihre Beziehung zu dir ist sehr wichtig, genauso wie deine Beziehung zu ihnen sehr wichtig ist. Sei deshalb niemals unaufrichtig gegenüber deinen Freunden; verheimliche deine Gefühle nicht, und mißbrauche sie nicht, um andere zu gängeln oder eine Situation zu beherrschen.

Lächle, wenn du lächeln solltest, sei glücklich, wenn du glücklich sein solltest, und schenke deine Liebe, wann immer du Liebe empfindest. Gefühle sind nichts, was berechnet, gehortet oder für ungebührliche Zwecke eingesetzt werden darf.

Wenn wir unsere Gefühle schlicht und aufrichtig ausdrücken, können wir gute Freunde finden und werden uns in unserer buddhistischen Lebensführung schneller entwickeln können. Zurückgehaltene oder unterdrückte Empfindungen bedeuten auf jedem Weg eine gewaltige Behinderung des Wachstums, ganz besonders aber im Buddhismus.

Eines Tages fragte ein Mönch, der einen Vortrag über das Avatamsaka Sutra in Ch'ang-an halten sollte, Meister Chih Wei: „Was bedeutet es, wenn in den Sutras steht, daß eines Lebewesens wahre Natur nur aus Verhältnissen geboren wird?"
Meister Chih Wei blieb still und antwortete nicht.
Dann stand sein Assistent auf und sagte: „Rechtschaffener Mönch, in eben diesem Augenblick, in dem du diese – oder jede andere – Frage stellst, wird deine wahre Natur aus Verhältnissen geboren."

In diesem Moment wurde der Mönch, der die Frage gestellt hatte, erleuchtet.

- aus den Zen-Schriften

Mitgefühl

Mitgefühl ist in der Ausübung des Buddhismus derart wichtig, daß es aus vielen verschiedenen Blickwinkeln betrachtet werden kann. Wir können uns Mitgefühl als eine Art Ideal vorstellen oder es in der Form eines Bodhisattva* erfassen. Wir können es als Richtschnur in unserer Ausübung des Buddhismus verwenden oder es als Empfindung betrachten. Mitgefühl kann sich auf der Gefühlsebene sehr kraftvoll und großzügig entwickeln. Je besser du die menschliche Beschaffenheit verstehst, desto weniger wird einem unaufhörlichen Fluß von Mitgefühl zu allen Lebewesen im Wege stehen. Dich selbst zu kennen, bedeutet, andere zu kennen. Wenn du die Vielschichtigkeit und Schönheit menschlicher Bedürfnisse einmal erkannt hast, wirst du auf ganz natürliche Art und Weise mit allen Lebensformen mitfühlen.

Mitgefühl ist ein Lehrer. Aufrichtig empfunden und ehrlich ausgedrückt, wird es dich niemals in die Irre führen. Laß es dich lehren. Das ist die richtige Art, Buddhismus zu leben. Im Wesentlichen ist nichts anderes damit gemeint, wenn wir von humanistischem Buddhismus* sprechen. Humanistischer Buddhismus ist ein Buddhismus, der mit und unter Menschen gelebt wird. Die Richtschnur dieser Lebensführung, ihre Vorgehensweise und ihr Ziel, ist nichts weiter als Mitgefühl.

Wenn du deinem Mitgefühl und deinen natürlichen, menschlichen Empfindungen gestattest, ungehindert in deine Umwelt zu fließen, wirst du feststellen, daß es ganz einfach ist, mit deinen Mitmenschen auszukommen, und daß du ihnen von großem Nutzen sein kannst. Buddha gemahnte uns an die fünf Arten unmenschlichen Verhaltens, um uns anhand negativer Beispiele zu zeigen, wie wir uns in dieser Welt verhalten sollen.

Aus Fehlern lernen

Manche Menschen wissen nichts Besseres, als wütend zu werden, wenn sie erfahren, daß sie einen Fehler begangen haben – wie töricht! Wir sollten froh sein, wenn wir unsere Fehler entdecken, denn nur dann können wir uns verbessern. Leben ist Wachstum. Das menschliche Leben schenkt uns Gelegenheit, zu den höchsten Ebenen der Bewußtheit zu gelangen. Wie kann man sich über die Chance zu lernen ärgern? Ergreife jede Gelegenheit zu wachsen und halte nie an einer falschen Anschauung oder Vorgehensweise fest, nur weil du dich daran gewöhnt hast.

Beginne jeden Tag in dem Wissen, daß du nicht vollkommen bist, und dann nimm jede Möglichkeit zur Verbesserung an, die der Tag dir beschert. Nimm sie an, und verändere dich. Nicht nur du wirst dann ein glücklicherer Mensch sein, sondern auch all deine Freunde.

Es ist ein schlichter und eindeutiger Zusammenhang, den wir uns aber unbedingt in Erinnerung rufen sollten – wir können im Buddhismus nicht weiterkommen, wenn wir nicht bereit sind, uns zu ändern.

Alle Menschen haben viele Fehler begangen.
Wenn man nicht bereut,
stumpft man seinen Geist ab
und zieht Vergeltung auf sich.

- aus dem Sutra in Zweiundvierzig Abschnitten

Von guten Dingen hören

Empfindungen können unangenehm sein, wenn wir glauben, sie verbergen oder beherrschen zu müssen. Sie können aber auch unser größter Verbündeter sein, wenn wir erkennen, daß sie uns Seiten von uns zeigen können, die wir in unserem Verstand nie finden werden. Die größten Hindernisse für den ungehinderten Fluß unserer Gefühle sind Neid und Eifersucht. Wenn wir über das, was ein anderer vollbracht hat, Neid anstelle von Freude empfinden, schaden wir uns selbst mehr als dem anderen. Neid blockiert die natürliche Steigerung der Bewußtheit, die eintritt, wenn Menschen, die uns nahestehen, sich gut fühlen oder etwas Wertvolles vollbracht haben.

Wenn wir uns dabei ertappen, daß wir *„von Gutem hören und nicht froh darüber sind"*, können wir davon ausgehen, daß wir von Neid oder Eifersucht beherrscht werden. Unter dem Einfluß von Zorn können wir nicht rasch wachsen und uns außerdem selbst gewaltig schaden. Was ist zu tun, wenn wir in einer negativen Empfindung gefangen sind? Das beste ist, diese genauestens zu betrachten, sobald wir Gelegenheit dazu haben. Eine umständliche und abstrakte Analyse ist hier nicht gefragt. Vielmehr sollten wir dann all unsere Gefühle zulassen, ohne sie zu bewerten. Wahrscheinlich werden wir viel tiefere und reichhaltigere Schichten in uns selbst entdecken, als wir vermutet haben. Oft ist Neid nichts anderes als ein verzerrtes Spiegelbild der Freude, die wir im Grunde für andere empfinden.

Im MAHAPARINIRVANA SUTRA sagt Buddha: *„Alle Lebewesen haben ihre eigene Natur, und alle sind verschieden. Jeder ist einzigartig."* Der Weg, auf dem wir im Buddhismus voranschreiten, ist, dies zu verstehen. Ergründe deine eigene Natur. Dann gestehe dir ein, daß andere Menschen anders sind als du; anders, aber genauso vielschichtig.

Der Bodhi-Geist ist wie ein Same,*
denn er gebiert das Dharma.
Der Bodhi-Geist ist wie ein guter Acker,
denn er nährt alle guten Erscheinungen.
Der Bodhi-Geist ist wie ein großes Land,
denn er kann zu jeder Zeit alles enthalten.
Der Bodhi-Geist ist wie reines Wasser,
denn er läutert alle Sorgen und Schmerzen.

- aus dem Avatamsaka Sutra

Kapitel 30

Wahre Größe

Wahre Größe entsteht nicht
durch Erscheinung oder Aufmachung;
Worte der Eifersucht und der Gier
widerstreben ihr.
Nur wenn das Übel mit der Wurzel
entfernt worden ist,
und wenn es Weisheit ohne Zorn gibt,
entsteht wahre Größe.

- aus dem Dharmapadavadana Sutra

Die falsche Größe dieser Welt

Jeder will angesehen sein. Oft verschwenden wir auf der Suche nach wahrer Größe unsere Zeit mit der vergeblichen Jagd nach ihren Zerrbildern in dieser Saha-Welt*; wir streben nach gesellschaftlichem Rang, nicht nach wahrer Herzensgröße. Wir kaufen teure Kleider, Häuser und Autos, um anderen zu beweisen, daß wir ihres Ansehens würdig sind. Selbstverständlich kann kein Geld dieser Welt wahre Größe erkaufen. Wahre Größe ist eine innere Errungenschaft; wenn ein Mensch wahre Größe besitzt, strahlt er sie ohne sein eigenes Zutun aus.

Die falsche Größe falschen Anstands

Wir alle wissen, daß es viele Menschen gibt, die zwar nett und freundlich scheinen, deren Herzen jedoch voller Eifersucht und Zorn sind. Sie lächeln und sagen dir nette Dinge ins Gesicht, haben aber die ganze Zeit über nichts anderes im Sinn, als dir zu schaden. Solche Menschen haben gelernt, nach außen hin nett zu erscheinen, obwohl sie es in Wirklichkeit gar nicht sind. Sie haben die äußere Erscheinung der Gutherzigkeit mit ihrem Wesenskern verwechselt. Ihr Versuch, diesen Anschein für schädliche Ziele zu benutzen, kann auf Dauer nie glücken.

Wahre Größe kommt von innen

Die Alten sagten: „*Aufrichtigkeit ist innerlich, Form ist äußerlich.*" Wenn wir wahre Größe finden wollen, müssen wir zuerst nach innen schauen. In uns finden wir alle Ursachen für das, was uns widerfährt. Jedesmal, wenn wir einen falschen Gedanken berichtigen, tragen wir zu unserer inneren Größe bei. Jedesmal, wenn wir uns unsere Verstöße eingestehen, verbessern wir unsere Chancen, unserem Wohlergehen entgegenzuwachsen. Jedesmal, wenn wir Gier durch Loslassen ersetzen, befreien wir uns von samsarischem* Ballast.

In dem Moment, in dem wir alle Bindungen
hinter uns lassen
und all die damit einhergehenden Denkweisen,
werden wir klar erkennen, daß
alle Güte und alle Verunreinigung
in Abhängigkeit zu inneren Verhältnissen erwächst.

- aus der Abhandlung über das Erwachen des Glaubens in das Mahayana

Die höchste Geistesgröße

Der Bodhi-Geist ist wie eine schöne Blume:*
alle Lebewesen lieben es, sie anzuschauen.
- aus dem AVATAMSAKA SUTRA

Der Bodhi-Geist* benötigt kein weltliches Gepränge, er ist durch und durch schön. Die höchste innere Größe, die wir je erreichen können, ist die vollkommene Erleuchtung in der Ganzheit des Bodhi-Geistes. Dies ist das Ziel des Buddhismus.

Der Bodhi-Geist ist die Buddha-Natur. Der Bodhi-Geist übersteigt jede Form, jede Bindung und jede Versuchung, an ein falsches Selbst zu glauben. Ein flüchtiger Blick auf den Bodhi-Geist genügt, um die tiefsten Wurzeln der Eitelkeit auszurotten. Wahre innere Größe findet sich nur in dieser Wahrheit.

Der Bodhi-Geist ist wie eine strahlende Sonne,
er scheint auf alle Dinge in dieser Welt.
Der Bodhi-Geist ist wie ein voller Mond,
denn alle Dharmas finden darin ihre Vollendung.
- aus dem AVATAMSAKA SUTRA

Kapitel 31

Echte Weisheit

Erweist man ihm Respekt,
bereitet ihm das keine Freude.
Kränkt man ihn, zeigt er keinen Zorn.
Seine Weisheit ist wie das Meer.
Dies sind die Merkmale des wahrhaft Weisen.

- aus dem Sutra über die Gebote der Sechs Paramitas

Keine Freude empfinden angesichts von Respekt

Buddhisten sprechen häufig von drei ursächlichen weltlichen Verstrickungen, die jeder überwinden muß, um in seiner Lebensführung wirklich erfolgreich sein zu können. Die erste ist die Bindung an Ruhm, die zweite ist die Bindung an Reichtum, und die dritte ist die Bindung an Respekt. Für die meisten Menschen ist es einfacher, ihre Bindung an Ruhm und Reichtum zu überwinden, als ihre Bindung an Respekt.

Unser Bedürfnis, respektiert zu werden, ist ein tierischer Urinstinkt. Sind wir uns dessen bewußt, müssen wir uns auch im Klaren darüber sein, daß dieses Bedürfnis sehr tief in uns wurzelt, und daß sein Kern eben tierischer Natur ist.

Das Mahaprajnaparamita Shastra beschreibt Buddha wie folgt:

Egal wieviel Schlechtigkeit und Verleumdung auf ihn gehäuft wurden, des Buddhas Gedanken blieben rein. Egal wieviel Lob und Respekt er erntete, er blieb von Genuß und Wohlgefallen unberührt. Er schaute auf alles mit großherzigem Mitgefühl und betrachtete Freundschaft und Feindschaft als eins.

Der Wunsch, respektiert zu werden, entspringt zum Teil gesunden, gesellschaftlichen Bedürfnissen, jenen treibenden Kräften, die hinter unserem Lernen, unseren Freundschaften, unseren Berufen und selbst hinter unserem Bedürfnis, das Dharma* zu studieren, stehen. Der Buddhismus ist eine Religion, der wir uns Schritt für Schritt nähern; viele der von ihr erläuterten Wahrheiten können nur aufgrund des Wissens verstanden werden, daß auch die Wahrheit selbst sich nur stufenweise offenbart. Es gibt nicht nur eine allgemeingültige Regel, die alles umfaßt. Dafür ist das Leben zu vielschichtig. Unser Verlangen nach Respekt muß als ein Bedürfnis erkannt werden, das viele verschiedene Ebenen hat.

Hätten wir kein Verlangen nach Respekt, so würden wir vielleicht niemals sprechen lernen und mit Sicherheit nie die grundlegendsten Verhaltensregeln erlernen. Dies ist die erste Ebene unseres Bedürfnisses nach Respekt, und meist führt sie zu guten Ergebnissen. Die zweite Ebene taucht auf, wenn wir beginnen, uns mit anderen zu messen; zuerst möchten wir so gut sein wie sie, aber bald schon wollen wir besser sein. Diese Ebene ist eine Mischung aus Gut und Schlecht. Der Wunsch, mit anderen zu wetteifern, kann gute Auswirkungen haben, wenn wir ihn unter Kontrolle haben; lassen wir uns jedoch von ihm beherrschen, wird er schlimme Folgen haben.

Die dritte Ebene kennzeichnet den Anfang der Weisheit. Auf dieser Ebene beginnen wir zu verstehen, was Respekt ist und woraus unser Bedürfnis danach entstanden ist. Haben wir dies erkannt, sehen wir auch, daß dieses Bedürfnis in Wirklichkeit leer ist. Auf dieser Ebene können wir uns entwickeln, indem wir zuerst die Vergangenheit und dann die zeitlose Freude des inneren Buddha betrachten.

Durch das Betrachten der Vergangenheit lernen wir, indem wir uns an Situationen in unserem Leben erinnern, in denen wir nach Respekt fieberten oder etwas Schlechtes taten, um Respekt entgegengebracht zu bekommen. Würden wir heute noch genauso handeln? Wenn nicht, dann haben wir einen Punkt erreicht, von dem aus wir unser gegenwärtiges Verlangen nach Respekt beobachten können. Sehen wir die Leere der Vergangenheit, so können wir auch die Leere der Gegenwart erkennen. Wenn wir die Nichtigkeit unseres Verlangens nach Respekt einmal erkannt haben, dann steht unserer Fähigkeit, die Vollkommenheit des inneren Buddha wahrzunehmen, nichts mehr im Wege. Ein einziger Blick auf diese Vollkommenheit wird alle übrigen Verunreinigungen auflösen.

Keinen Zorn verspüren angesichts von Beleidigung

Das MAHAPRAJNAPARAMITA SHASTRA sagt:

Gewöhnliche Menschen werden ärgerlich, wenn man sie belästigt, und sie sind glücklich, wenn man ihnen einen Gefallen erweist. Sind sie an einem schreckerregenden Ort, so fürchten sie sich. Wenn du ein Bodhisattva sein willst, darfst du nicht so sein. Auch wenn du noch nicht alle Fesseln abgestreift hast, die dich an diese Welt binden, mußt du doch lernen, dich zu beherrschen. Du mußt Gleichmut angesichts von Beleidigung üben, nicht zornig werden, wenn du verletzt oder belästigt wirst, dich nicht daran erfreuen, wenn dir Respekt erwiesen wird, und du sollst dich nicht vor dem Leid und den Prüfungen dieser Welt fürchten.

Je weiter wir auf dem Weg des Buddhismus voranschreiten, um so klarer wird uns das ideale Verhalten eines Bodhisattva*. Wir werden immer noch die Mühsal und das Elend dieser Welt verspüren, aber unser Wissen um das Ideal ermöglicht es uns, Abstand zwischen uns selbst und diese Mühsal zu bringen. Wir lernen, uns mit etwas Höherem zu vergleichen als dem, was wir einst waren, und uns zum Besseren zu verändern. Schon ein Schritt auf diesem Pfad wird große Verdienste mit sich bringen; und jemand, der schon zwei oder drei Schritte gegangen ist, wird niemals wieder umkehren.

Führt der Weg zu höherer Bewußtheit, dann erkennen wir, daß der Weg und das Ziel eins sind. Das Diamant Sutra sagt:

Alle guten Männer und Frauen, die ihr beharrlich dieses Sutra rezitiert und lest, erkennt dies: Wenn ihr Beleidigungen ertragen könnt, ohne zornig oder mißmutig zu werden, so wird alles schlechte Karma, das vielleicht noch aus vergangenen Inkarnationen vorhanden ist, ausgemerzt, und ihr werdet bald Anuttara-Samyak-Sambodhi (die höchste Erleuchtung) erlangen.*

Niemand in dieser Welt kann es vermeiden, beleidigt zu werden. Die Umstände unseres Lebens in dieser Zeit sind oftmals unruhig, gewalttätig und erniedrigend. Wir sollten nicht zulassen, daß unser Entschluß zu wachsen, von diesen Verhältnissen geschwächt wird, sondern sie vielmehr als Möglichkeiten nutzen, unsere buddhistische Lebensführung zu festigen. Buddha forderte nie dazu auf, dieser Welt zu entfliehen; er lehrte uns, sie zu verstehen und mit ihr umzugehen. Wenn du beleidigt wirst, erkenne die Umstände, die zu dieser Beleidigung geführt haben, und gehe mitfühlend damit um. Dies ist der Weg zu innerem Wachstum.

Weisheit unendlich wie das Meer

Das Mahaparinirvana Sutra sagt:

Wenn du glaubst, alles sei die Schuld anderer, wirst du viel lei-

den. Wenn du erkennst, daß alles seinen Ursprung in dir selbst hat, wirst du Frieden und Glück erfahren. Hochmut führt zu Gewalt und Unglück. Die wahrhaft Guten schauen auf alles mit Liebe und Verständnis.

Es bedarf großer Weisheit zu erkennen, daß die gesamte Welt dem Geist entspringt.

Das SADDHARMA SMRITI UPASTHANA SUTRA sagt: „*Weisheit ist der süßeste Tau, die friedvollste Zuflucht, der beste Freund und der größte Schatz.*" Weisheit ermöglicht es uns, trotz aller Widrigkeiten weiterzulernen. Es braucht Vertrauen, ein Buddhist zu werden, aber es erfordert Weisheit, ein Buddha zu werden.

Das AVATAMSAKA SUTRA sagt: „*Nehmt Zuflucht im Dharma, gelobt, alle Lebewesen zu erlösen, studiert die Sutras gründlich und ihr werdet unendliche Weisheit erlangen.*"

Weisheit erlangen wir durch das Studieren des Dharma* und die Betrachtung der Reinheit des Buddha in uns.

Alle Mönche und alle anderen Menschen
schreiten durch das Studium des Dharma voran.
Ob sie sitzen oder gehen,
sie lesen oder rezitieren dieses Sutra.
Selbst wenn sie im Wald
unter einem Baum sitzen
und in tiefer Meditation versunken sind,
werden jene, die dieses Sutra ehren,
einen Duft wahrnehmen
und wissen, daß das Tathagata nicht mehr fern ist.*

- aus dem LOTUS SUTRA

Kapitel 32

Segnungen und Freuden

Frei von Krankheit zu sein,
ist der größte Segen.
Zufrieden zu sein mit dem, was man hat,
ist das größte Glück.
Gute Freunde sind die besten Verwandten.
Das Nirvana ist der höchste Frieden.

– aus dem Sutra des Prachtvollen Leben des Prinzen

Wir alle wollen glücklich sein. Der zuvor zitierte Sutra-Auszug lehrt uns alles, was wir wissen müssen, um dies zu erreichen. Aber die Menschen wollen das Leben scheinbar schwieriger machen, als es ist. Sie versuchen auf verschlungenen Wegen Freude zu erfahren und verzerren dadurch ihre Gefühle allmählich so sehr, daß ihre angeborene Fähigkeit, das Leben zu lieben, langsam verlorengeht. Sie verschieben Freude auf morgen, um heute Rang und Reichtum hinterherzujagen, oder sie begraben die Freude des Augenblicks unter einem Übermaß an sinnlichen Begierden und einem Mangel an klarem Denken. Nach und nach werden sie zu Sklaven ihrer eigenen Illusionen. Wir können zusehen, wie es geschieht: Ihr Körper scheint von etwas niedergedrückt zu werden, und sie wirken bekümmert und unachtsam. Wenn wir sie darauf ansprechen, werden sie Erklärungen für ihr Verhalten bereit haben, aber unter dem Bann des Samsara* wird ihre Logik verworren und verzerrt sein. Wahre Freude findet sich in der Reinheit des Geistes und im Studium des Dharma*. Nichts anderes wird sie bewirken.

Gute Gesundheit ist ein Segen

Jeder von uns hat schon die Erfahrung gemacht, daß er seine Gesundheit erst richtig zu schätzen wußte, nachdem er sie verloren hatte. Gesundheit ist, wie das Leben selbst, eine vergängliche Erscheinung. Sie ist eine gute Grundlage, die wir so ausgiebig wie möglich nutzen sollten, denn sie wird nicht ewig anhalten. Solange wir bei voller Gesundheit sind, sollten wir daran denken, daß dieser Zustand kostbar ist und wir ihn nicht unbegrenzt genießen können. Ein gesunder Körper gibt uns die Möglichkeit zu studieren, zu meditieren und das Dharma zu lernen. Nur als Menschen können wir unsere Fähigkeiten voll entwickeln.

Das Sutra von Buddhas Medizin nennt zehn Ursachen, aufgrund derer Menschen erkranken:

1. Lange Zeit sitzen ohne zu essen,
2. übermäßiges Essen,
3. Angst und Sorge,
4. tiefe Erschöpfung,
5. ausschweifende Sexualität,
6. Zorn,
7. unterdrückter Stuhldrang,
8. unterdrückter Urindrang,
9. unterdrücktes Aufstoßen,
10. zurückgehaltene Darmgase.

Das Sutra der Gedanken über den Ursprung des Geistes sagt: *„Behandle deinen Körper wie ein neugeborenes Baby. Versorge und pflege ihn mit dem Mitgefühl einer Mutter. Achte gut auf ihn. Wenn du dich nicht sorgsam um Körper und Geist kümmerst und ihre Krankheiten nicht heilst, wirst du keine große Erleuchtung erlangen.“*

Der Gesundheitszustand unseres Körpers beeinflußt unsere Fähigkeit, das Dharma zu studieren und auszuüben. Zugleich wirkt sich unsere geistige Gesundheit auf den Zustand unseres Körpers aus. Wenn wir es zulassen, daß wir verärgert und ungeduldig sind, wird unser Schlaf davon gestört und unsere Nerven werden unter Überanstrengung leiden. Der wahre Ursprung von guter Gesundheit – wie auch von allem anderen – ist der Geist. Ist unser Geist mit dem Lernen und Ausüben des Buddhismus beschäftigt, wird das unseren Körper gesund erhalten. Gestatten wir unserem Geist, in unbeherrschte und erniedrigende Empfindungen abzugleiten, wird unser Körper darunter leiden. Geistige und körperliche Gesundheit sind miteinander verbunden.

Sei zufrieden mit dem, was du hast

Wenn ein Mensch es zuläßt, daß seine Begierden über ein vernünftiges Maß hinauswachsen, so gleicht er einer Schlange, die versucht, einen Elefanten zu verschlingen. Niemand braucht so viel. Unmäßige Begierden entstehen aus Selbsttäuschung und Gier. Zufrieden sein mit dem, was wir haben, ist ein wichtiger Schritt auf dem Weg zur Weisheit.

Gier schränkt unseren Blick ein, denn sie verbirgt die Fülle der Wahrheit, die in unserer inneren Buddha-Natur enthalten ist. Gier baut grundsätzlich auf falschen Annahmen auf. Sie läßt uns immer törichter werden und bewirkt niemals etwas Gutes – es sei denn, sie lehrt uns schließlich, uns selbst zu beherrschen. Gier bringt uns in Gefahr, auch wenn wir meinen, einen nutzbringenden Weg eingeschlagen zu haben. Das Leben ist sowohl einfacher als auch vielschichtiger, als uns die Gier glauben macht. Unsere Buddha-Natur ist mehr als fähig, uns alles zu offenbaren, was wir wissen müssen. Wenn wir dieser Natur erlauben sich auszudrücken, ist es verhältnismäßig einfach zu erkennen, was wir wann tun sollten. Zugleich wird uns bewußt werden, daß die

Ganzheit und Vollkommenheit dieser Natur alles übersteigt, was wir uns vorstellen können.

Eine der Hilfen beim erfolgreichen Ausüben des Buddhismus ist es, uns soweit zu entspannen, daß es unserer inneren Buddha-Natur möglich wird, sich nach und nach zu entfalten. Wir erlangen diese Fähigkeit zu entspannen, indem wir die Gebote einhalten und mit dem zufrieden sind, was wir haben. Was mehr als das brauchen wir? Halten wir uns an die Gebote, so haben wir nichts zu fürchten. Wenn wir in unserer Buddha-Weisheit ruhen, werden wir erkennen, daß es uns an nichts mangelt. Auf diese Weise werden wir wahre Genügsamkeit erfahren. Wir werden zufrieden sein mit dem, was wir haben.

Das SUTRA DER ÜBERLIEFERTEN LEHREN sagt:

Zufrieden sein zu können mit dem, was man hat, ist die höchste Zuflucht des Friedens und der Geborgenheit. Wer gelernt hat, genügsam zu sein, kann überall am Boden liegen und doch vollkommen zufrieden sein. Wer dies hingegen nicht gelernt hat, kann selbst im Himmel sein und glauben, es mangele ihm an etwas; solche Menschen sind arm, auch wenn sie große Reichtümer besitzen. Sie finden im Wirken ihrer Sinne nichts als Verstrickung und Pein, während der Zufriedene nur Genuß und Freude darin findet.

Gute Freunde sind die besten Verwandten

„Wenn wir jung sind, müssen wir uns auf unsere Eltern verlassen. Wenn wir erwachsen sind, müssen wir uns auf unsere Freunde verlassen."

Eltern bringen uns zur Welt und ziehen uns groß, aber niemand kann erwarten, ewig auf sie zurückgreifen zu können. Früher oder später müssen wir auf unseren eigenen Füßen stehen – im Kreis der Menschen, die wir uns ausgesucht haben. Dies sind unsere Freunde: Die

Menschen, mit denen wir zusammensein möchten. Wir nennen sie die besten aller Verwandten, weil unsere Freunde Menschen sind, zu denen wir uns aufgrund karmischer* Verbindungen hingezogen fühlen. Diese karmischen Verbindungen sind oftmals viel tiefer als die Blutsbande zu unserer weltlichen Familie. Sind wir uns der geheimnisvollen Anziehungskraft bewußt, die Menschen zu Freunden macht, werden sich unsere Wachstumsmöglichkeiten in allen Bereichen des Lebens stark verbessern. Und haben wir unsere Freunde schätzen gelernt, können wir anfangen zu erkennen, daß alle Lebewesen unsere Freunde sind, und daß sie alle unsere Unterstützung und Sorge verdienen.

Der Dirgha Agama erwähnt vier wichtige Aspekte der Freundschaft:

1. *Schlechtem Verhalten entgegenwirken.* Gute Freunde weisen einander zurecht, wenn sie bemerken, daß einer von ihnen etwas Falsches tut. Sie unterstützen sich darin, das Richtige zu tun.
2. *Warmherzig zueinander sein.* Gute Freunde freuen sich, wenn der andere glücklich ist, und sie sind traurig, wenn er leidet. Sie loben sich gegenseitig und verteidigen den anderen, wenn jemand schlecht über ihn spricht.
3. *Einander helfen.* Gute Freunde helfen sich und verleiten den anderen nicht zu schlechten Taten. Sieht ein guter Freund den anderen eine falsche Richtung einschlagen, wird er ihn zur Seite nehmen und mit ihm reden. Er wird seinen Freund nicht vor anderen zurechtweisen.
4. *Sein Los miteinander teilen.* Gute Freunde knausern nicht mit Geld oder anderen Gütern, wenn der andere Not leidet. Unter widrigen Umständen sind sie sogar bereit, ihr Leben für den anderen aufs Spiel zu setzen.

Das Fo Shuo Pei Sutra sagt, die richtige Art, Freunde zu behandeln sei, *„Schlechtes in Gutes zu verwandeln, oft miteinander über das Dharma zu sprechen, die besten Eigenschaften des anderen zu fördern und freundlich zueinander zu sein.“*

Der Dharmagupta Vinaya sagt, es gibt sieben Dinge, an die man im Umgang mit Freunden denken soll:

1. Gebt, was euch schwerfällt zu geben.
2. Tut, was euch schwerfällt zu tun.
3. Seid geduldig, wenn es schwerfällt, Geduld zu üben.
4. Habt keine Geheimnisse voreinander.
5. Beschützt euch gegenseitig.
6. Laßt einen Freund in Zeiten der Not nicht im Stich.
7. Laßt nicht zu, daß eine Atmosphäre von Geiz oder Kleinlichkeit zwischen euch entsteht.

Gute Freunde unterstützen einander. Wir lernen von ihnen, und sie lernen von uns. Es ist wichtig, den Schwerpunkt auf gegenseitiges Wachstum und Veränderung zu legen. Wir sollten Veränderungen in unseren Freunden annehmen, genauso wie sie unsere Veränderungen akzeptieren sollten. Wir alle sollten nicht aufhören zu lernen und zu wachsen. Eine Veränderung zum Besseren sollte unter guten Freunden immer willkommen sein und gutgeheißen werden.

Wenn ein Mensch zum Buddhist wird, sollte sein weiteres Leben der Veränderung zum Besseren gewidmet sein. Es ist wichtig, daß unsere Freunde diese Veränderungen in uns annehmen, aber genauso wichtig ist es, daß auch wir ihre Veränderungen fördern und akzeptieren. Lasse niemals zu, daß du auf einen Freund eifersüchtig bist oder sein Wachstum behinderst. Sein Wachstum ist dein Wachstum. Ein Freund, der glücklich und erfolgreich ist, wirft ein gutes Licht auf dich.

*Der Bodhisattva**
mit seinen vielen weisen Taten
scheint hell auf diese Saha-Welt.*
Er geleitet jedes einzelne Lebewesen
zur Erkenntnis dieser Wahrheit.
- aus dem LOTUS SUTRA

Das Nirvana ist der höchste Frieden

Alle Welten
in allen zehn Richtungen
sind ein einziges offenes Auge.
- Zen-Meister Ming Chen

Das Nirvana* wird „nicht geboren, nicht sterben, nicht auferstehen, nicht zerstört." Dies ist die höchste Weisheit und die Wahrheit, die jenseits von Sprache und allen Formen offenbarten Lebens liegt.

Das Leid im Leben besteht, weil sich alles Leben aus vier unvermeidlichen Wandlungen ergibt: Erschaffung, Fortbestand, Vernichtung, Leere. Das Universum, in dem wir leben, wandelt sich auf genau dieselbe Weise. Es entsteht, dann besteht es, dann wird es zerstört und dann ist es leer. Diese Leere ist kein Nichts. Sie ist ein Nullpunkt, in dem alle Möglichkeiten des nächsten Universums ruhen.

Es ist wichtig, daß wir alle die Unausweichlichkeit dieser Wandlungen in ihrem ganzen Ausmaß erkennen. Das Nirvana liegt jenseits davon. Auch der innere Friede des Bodhisattva*, der das Nirvana erblickt, aber trotzdem in dieser Welt bleibt, geht über diese Wandlungen hinaus.

Das Nirvana hat vier grundlegende Eigenschaften. Diese Eigenschaften können vom samsarischen* Verstand nicht erfaßt werden, doch Worte können sie annähernd beschreiben. Wir sollten jedoch an keiner Beschreibung des Nirvanas festhalten, denn es liegt jenseits aller Worte.

1. *Nichts entsteht im Nirvana.* Nichts entsteht und nichts stirbt. Nichts verändert sich. Es gibt kein Leid, keine Sorgen, nichts dringt ins Nirvana ein und nichts verläßt es. Es ist ein Reich der vollkommenen Reinheit. Es ist das Reich des Absoluten, es liegt jenseits aller Unterscheidung, aller Gegensätze und aller Erscheinungen.
2. *Nichts verweilt im Nirvana.* Nichts verweilt im Nirvana, weil das Nirvana alles durchdringt und jenseits von allem liegt. Einer, der ins Nirvana eingegangen ist, ist überall; (er) ist vollkommene Reinheit, das vollkommene Dharma, das vollkommene Tathagata*, die Ganzheit der Buddhaschaft, eins mit der Leere.
3. *Das Nirvana ist Selbst-los.* Es liegt jenseits aller Begrifflichkeit, und deshalb kann nicht bestimmt werden, ob es ein Wesen besitzt oder nicht. Es hat kein Selbst und liegt jenseits allen Denkens. Was immer wir über das Nirvana denken, es kann nicht die letzte Wahrheit sein.
4. *Dem Nirvana mangelt es an nichts.* Das Nirvana ist die Befreiung von allem Mangel. Im Nirvana muß nichts erreicht werden.

Frei wie der Wind und der Mond,
das Auge im Auge.
Unendlich wie das Universum,
das Licht jenseits des Lichts.
Der Schatten der Weide,
das Strahlen einer Blume,
das Zuhause eines jeden.
Klopfe, und du wirst eingelassen.
- anonymes Zen-Gedicht

Kapitel 33

Glauben

Weil wir den Glauben haben,
richten wir keinen Schaden an.
Alle Werte und alle Tugenden
erwachsen aus dem Glauben
und werden durch ihn bewahrt.

- aus dem Mahayana Sutralamkara Shastra

Die Bedeutung des Glaubens

Glaube ist das Gegenteil von Zweifel. Glaube läßt uns das Dharma schneller erlernen und seine Bedeutung tief ergründen, denn wenn wir glauben, werden wir nicht an jeder Wegbiegung von Zweifeln und Vorbehalten aufgehalten.

Die Avadanas sagen: „*Der Glaube ist das, was die vollständige Wahrheit erfahren will, was sich am Hören des Dharmas erfreut, und was zur Aufgabe aller Selbstsucht führt.*"

Das Brahmajala Sutra sagt: „*Alle Praxis entstammt dem Glauben, und alle Tugend ist in ihm verwurzelt.*"

Das Erwachen des Glaubens bestimmt in der Regel den Beginn unserer buddhistischen Lebensführung. Die im Avatamsaka Sutra beschriebenen Zweiundfünfzig Stufen des Bodhi-Pfads* beginnen mit dem Glauben. Die Fünf Spirituellen Wurzeln und die Fünf Spirituellen Kräfte* der Siebenunddreißig Bedingungen, die zur Budhhaschaft führen*, beginnen ebenfalls mit dem Glauben. Darüber hinaus ist der Glaube ein wichtiges Thema fast aller buddhistischen Sutras.

Wenn die Bedingungen und das Karma stimmen,
erscheint die Gabe, das Dharma zu hören.
Und dann untersteht der Praktizierende
dem Schutz der barmherzigen Gelübde
aller Buddhas und Bodhisattvas.
Und damit ist seine Gabe, dem Leid
zu entrinnen, gefestigt.
Im Glauben liegt das Nirvana.

- aus der Abhandlung über das Erwachen des Glaubens in das Mahayana

Der Abhidharmakosha sagt, daß buddhistische Lebensführung auf dem festen Glauben an die Vier Edlen Wahrheiten*, die Drei Kostbarkeiten* und das Gesetz des Karma beruhen muß.

Das Vijnaptimatratasiddhi Shastra sagt:

Was ist Glaube? Der Kern des Glaubens liegt im Glauben an die Wirklichkeit der Existenz Buddhas, im Glauben an die Tugend Buddhas, und im Glauben an die Macht Buddhas. Er liegt auch in der tiefen Dankbarkeit des Praktizierenden, in der Freude des Praktizierenden, im Verlangen nach Erleuchtung des Praktizierenden und in der Reinheit des Geistes des Praktizierenden.

Glaube heilt Zweifel. Glaube inspiriert dazu, in der Tugendhaftigkeit seine Freude zu finden.

Nach der Yogachara-Schule* des Buddhismus ist Zweifel eine der Acht Verunreinigungen. Diese Acht Verunreinigungen sind Unbeständigkeit, Trägheit, Zweifel, Faulheit, absichtliche Oberflächlichkeit, geringe Aufmerksamkeit, ein zerstreuter Geist und falsche Sichtweisen. Die Mittel, die sowohl Zweifel als auch allen anderen Verunreinigungen entgegenwirken, sind: das Dharma* hören, das Dharma betrachten und das Dharma ausüben.

Das Dharma ist ein riesiges Meer, in das
wir durch den Glauben eintauchen, und das
wir mit der Kraft der Weisheit durchqueren.
- aus dem MAHAPRAJNAPARAMITA SHASTRA

Das MAHAYANA SAMPARIGRAHA SHASTRA sagt, daß Glaube auf drei Dingen beruht:

1. Dem Glauben, daß unser innerstes Wesen wirklich die Buddha-Natur ist,
2. dem Glauben, daß wir in unserer Buddha-Natur vollständige Erfüllung erlangen können, und
3. dem Glauben, daß die Buddha-Natur* unbegrenzte Tugenden und Werte birgt.

Die karmischen Verdienste des Glaubens
sind die zehn heilsamen Taten
und die Abneigung gegen die Leiden von Geburt und Tod
und das Verlangen nach höchster Erleuchtung
und das Erlangen der Buddhaschaft.
- aus der ABHANDLUNG ÜBER DAS ERWACHEN DES GLAUBENS IN DAS MAHAYANA

Die Aufgabe des Glaubens

Ohne die Grundlage des Glaubens fällt uns das Lernen schwer und wir kommen bestenfalls langsam voran. Glaube hilft uns, Tugendhaftigkeit zu ersehnen und unsere Bewußtheit zu steigern. Glaube ist wie ein

Licht, das die Dunkelheit ewiger Unwissenheit und Zweifel vertreibt.

Das AVATAMSAKA SUTRA sagt:

Glaube ist der Ursprung des Pfads und die Mutter aller Tugenden und Werte. Er vermehrt alle Tugenden und beseitigt alle Zweifel. Er ist der Anfang des höchsten Pfads.

Glaube erlöst den Geist von der Starrsinnigkeit der Verunreinigung und vernichtet die Wurzeln von Stolz und Hochmut.

Glaube ist der höchste aller Schätze. Alles Üben des Praktizierenden hängt von der Reinheit seines Glaubens ab. Glaube kann den Praktizierenden von allen Verunreinigungen und Bindungen befreien. Glaube wird ihn beflügeln, die großartigen Wunder der höchsten Wahrheiten des Dharma zu erkennen. Glaube kann alles Schlechte überwinden, weil er alles Gute erschafft. Durch Glaube wird man am Ende eins mit dem Tathagata*.*

Ist die Kraft des Glaubens stark und unzerstörbar, wird man Reinheit, Klarheit und Scharfsinnigkeit erlangen. Glaube zerstört das Übel auf immer und führt zur Erkenntnis der unausgesprochenen Wahrheiten, die tief in unserem Inneren liegen.

Glaube beseitigt die Hindernisse bei allen Übungen des Dharma. Er befreit den Geist von den Acht Schwierigkeiten und führt zu müheloser Praxis. Glaube überwindet alle dämonischen Kräfte und führt einen zum höchsten Pfad der Befreiung.*

Glaube ist die unzerstörbare Saat aller Tugenden. Er nährt das Wachstum des Bodhi-Baumes. Er öffnet das Tor zur höchsten Weisheit und offenbart alle Buddhas. Deshalb sollte man den Glauben bei jedem Schritt auf dem Weg hervorheben.

Den Glauben stärken

Glaube entwickelt sich wie ein Spross in der Erde. Empfängt er genügend Sonnenlicht und Wasser, wird er gesund und kräftig wachsen. Erhält er jedoch nicht die nötige Nahrung, wird er welken und sterben. Wie ein Spross in der Erde ist auch der Glaube empfindlich und leicht zu verletzen. Wenn wir uns mit den falschen Menschen abgeben, oder wenn wir unseren erwachenden Geist ständig der zersetzenden Wirkung von Zweifel aussetzen, wird unser Glaube bald vernichtet sein. Tugend ist einfühlsam und Glaube ist weise. Während wir die Anzeichen für Weisheit und Glauben immer besser wahrnehmen, müssen wir darauf bedacht sein, uns nicht von der damit verbundenen Zunahme an Feinfühligkeit gegenüber unserer Umwelt überwältigen zu lassen. Es gibt ein altes Sprichwort, das diesen Sachverhalt sehr gut ausdrückt: „*Wenn der edle Geist um einen Zoll wächst, wachsen die Verunreinigungen, die ihn umgeben, um zehn.*“ Der Glaube muß, wie alle Tugenden, geschützt und genährt werden.

Glaube kann auf folgende Arten gestärkt werden:

1. *Durch das Übernatürliche.* Visionen von Buddhas oder Bodhisattvas*, übernatürliche Erscheinungen und mystische Hinweise auf höhere Ebenen der Wirklichkeit sind in der Geschichte des Buddhismus nichts Außergewöhnliches. Übende sollten derartige Erfahrungen zwar nicht anstreben, aber sollte einem solch eine Erfahrung zuteil werden, empfiehlt es sich, sie als Anstoß zu tieferem Glauben und größerer Hingabe zu betrachten.
2. *Durch Tugend.* Tugendhaftigkeit ist das großartigste im Leben. Wenn wir erkennen, daß alles Gute der Tugendhaftigkeit entspringt, so wird unser Glaube zunehmen. Unsere Erkenntnis wird wachsen, sobald wir uns bewußt sind, daß wirkliches Wachstum nur durch das Studieren des Dharma erlangt werden kann.

3. *Durch Mitgefühl.* Um Mitgefühl zu verstehen, müssen wir mitfühlend handeln. Wenn wir einmal die Wirkung und die Freude, die Mitgefühl hervorruft, erlebt haben, werden wir zu der tiefen Einsicht gelangen, daß Erleuchtung Mitgefühl ist. Diese Einsicht erweckt einen unermeßlichen Glauben in das Dharma*.
4. *Durch Weisheit.* Weisheit ist nicht dasselbe wie Klugheit, und sie hat nichts mit der Überheblichkeit und Schläue zu tun, die dem samsarischen* Denken eigen sind. In ihren frühen Stadien erscheint Weisheit in Form von Glauben; wir nennen sie Glaube, denn sie weiß, daß das Dharma die Wahrheit ist, und daß einzig das Dharma vollendete Freude bewirken kann. Dieses Wissen ist so mächtig, daß es über jegliche Vernunft hinausgeht, die der Verstand hervorbringen kann.
5. *Durch Erfahrung.* Je länger wir die Gebote des Buddhismus befolgen, um so leichter wird es für uns zu erkennen, daß Buddha die Wahrheit gesprochen hat. Der Glaube in seine Lehren kann nur durch Erfahrung wachsen.
6. *Durch Erkennen der Natur der Dinge.* Die wahre Beschaffenheit aller Wesen ist die Buddha-Natur. Ein einziger Blick auf diese Wahrheit erzeugt einen Glauben, der nie mehr erschüttert werden kann.

Glaube ist besonders wichtig, wenn wir gerade erst beginnen, den Buddhismus zu leben; die Bedeutung des Glaubens verringert sich aber auch danach nicht sehr. Selbst wenn wir vom Wert des Dharma überzeugt sind, ist es dennoch wichtig, auf den Glauben zu vertrauen; denn wir können nicht zur nächsten Bewußtseinsebene gelangen, solange wir nicht davon überzeugt sind, daß es diese Ebene gibt.

Der Glaube bedeutet für den Übenden das gleiche wie Sonne und Wasser für die Pflanze; diese Faktoren sind am Anfang lebenswichtig und behalten ihre Notwendigkeit während der gesamten Lebensdauer des Organismus. Glaube ist der Faktor, der uns fortwährend ermöglicht, über uns selbst hinauszuwachsen. Glaube zeigt uns immer wieder, daß der einzige Weg im Buddhismus der Weg beständigen Wachstums ist.

Den Glauben anderer Menschen stärken

Die höchste Form des Gebens ist, das Dharma zu überbringen. Das Wesentliche bei jedem Darreichen des Dharma ist, anderen damit Glauben in das Dharma zu schenken. Ist Glaube einmal vorhanden, wird alles andere folgen. Die beste Art und Weise, den Glauben in anderen zu stärken, ist, ihn in unserem eigenen Leben zu entfalten. Wenn andere eine Veränderung zum Besseren in uns wahrnehmen, die unserer buddhistischen Lebensführung zuzuschreiben ist, wird ihr Glaube in das Dharma gestärkt.

Wenn wir bewußt versuchen, die Freuden des Glaubens anderen Menschen gegenüber zum Ausdruck zu bringen, wenden wir *Upaya** (geschickte Mittel) an. Da Glaube auf einer wortlosen Erschütterung im innersten Wesen beruht, kann er nicht durch weltliche Überzeugungsmethoden oder sachliche Erklärungen übermittelt werden. Verstandesmäßige Erläuterungen können bei der Übermittlung des Glaubens von einem Menschen auf den anderen als wichtiges Hilfsmittel dienen; aber letztendlich wird es unsere Demut, unser Mitgefühl und das beständige Beispiel unseres eigenen Glaubens sein, die den größten Einfluß auf andere Menschen haben werden.

Obgleich der Glaube in einem Menschen einzig über seine Empfänglichkeit Wurzeln schlagen kann, dürfen wir doch nicht vergessen, daß es das Dharma heute nur gibt, weil es über Ländergrenzen und Jahrhunderte hinweg von einem Menschen zum anderen übermittelt worden ist. Wir müssen andere Menschen achten und ihnen ihren eigenen Glauben lassen, aber wir müssen auch daran denken, daß wir selbst nur durch das Wirken und die barmherzige Freigiebigkeit anderer mit dem Dharma gesegnet wurden.

Es gibt ein Sprichwort: „*Weisheit allein wird uns nicht zur Erkenntnis führen, wenn niemand uns das Dharma lehrt.*"

Im Mahaparinirvana Sutra sagt Buddha:

Wenn in einem einzigen Raum
einhunderttausend Lampen angezündet werden,
wird jede einzelne leuchten,
und keine wird von den anderen beeinträchtigt.
Die Wechselwirkung zwischen euch und anderen
und zwischen mir und anderen ist genau dieselbe.

Glossar

Achtfacher Pfad: → Edler Achtfacher Pfad.

Acht Leiden: → *Buddha* Shakyamuni sprach von acht grundlegenden Leiden des Lebens: Geburt; Alter; Krankheit; Tod; Trennung von dem, was wir lieben; Begegnung mit dem, was wir nicht mögen; unerfüllte Bedürfnisse; die Übel der Fünf → *Skandhas*.

Acht Schwierigkeiten: → *Zehn Anusaya*

Acht Winde: Gewinn und Verlust, Ruhm und Schande, Lob und Tadel, Leiden und Freude. → *Buddha* Shakyamuni lehrte, daß diese acht Erfahrungen, oder 'Winde', natürliche Bestandteile des Lebens sind.

Alaya-Bewußtsein (*Alaya Vijnana*; Sanskrit: „Grundlage-von-allem-Bewußtsein"): Die achte und feinstofflichste Ebene des Bewußtseins, und die Ebene, auf der die → *karmischen* „Samen" gelagert sind.

Amitabha (Sanskrit: „Grenzenloses Licht"): Einer der fünf transzendenten Buddhas, der Buddha der unterscheidenden Weisheit und des Erbarmens. Buddha Amitabha ist einer der beliebtesten Buddhas im → *Mahayana*-Buddhismus und in Asien besonders durch das „Sutra vom Reinen Land" bekannt. Er herrscht über das ‚Westliche Reine Land'.

Anagami: → *Vier Früchte*

Ananda (Sanskrit: „Glückseligkeit"): Einer der engsten Schüler Buddhas und sein Vetter. Er ist bekannt für sein ausgezeichnetes Gedächtnis und für seine Demut und Hingabe.

Anuttara Samyak Sambhodi (Sanskrit: „Unübertroffene vollkommene Erleuchtung"): Vollständige, unübertroffene Erleuchtung – ein Attribut aller Buddhas.

Arhat (Sanskrit: „Der Ehrwürdige"): Jemand, der die höchste Ebene buddhistischen Lernens erreicht hat. → *Vier Früchte*.

Arupadhatu: → *Drei Reiche*

Asamskrita Dharmas: nicht-verursachte Zustände, z.B. Raum, Leidenschaftslosigkeit, mühelose Auflösung

Avalokiteshvara (Sanskrit: 'Herr, der seinen Blick nicht vom Leiden anderer abwendet' oder 'Herr des Großen Erbarmens'): Er ist einer der großen → *Bodhisattvas* des → *Mahayana*-Buddhismus und gilt in der gesamten buddhistischen Welt als Archetyp universellen Erbarmens. Tatsächlich ist er bereits vor Äonen von Jahrmillionen zum Buddha geworden, hat aber gelobt, sich weiterhin als Bodhisattva zu → *inkarnieren*, um den leidenden Wesen zu helfen, Freiheit und Glück zu finden. In China wird *Avalokiteshvara* meist in weiblicher Form verehrt, als die nährende Mutter-Figur *Kuan Yin*.

Bedingungen (Voraussetzungen, Verhältnisse): Die gegenwärtige Form der Erscheinungen. „Bedingtes Erscheinen" oder „bedingte Entstehung" bedeutet, daß alle Erscheinungen aus anderen Erscheinungen hervorgehen und keine von ihnen eine eigene Natur besitzt.

Bodhi (Sanskrit: „Erleuchtung"): Erleuchtung bedeutet Weisheit der Selbstlosigkeit, selbstloses Erbarmen, das Erwachen in die eigene Buddha-Natur.

Bodhi-Geist (*Bodhicitta*; Sanskrit: „Geist der Erleuchtung"): Ein Lebewesen wird zu einem → *Bodhisattva*, indem es den „Erleuchtungsgeist" entwickelt. Das geschieht, indem es 1. daran glaubt, daß es erleuchtetes Bewußtsein verwirklichen kann; 2. erkennt, daß es nur durch die Erleuchtung die Fähigkeit erlangt, andere zur Erleuchtung zu führen; 3. sich ganz diesem Ziel verpflichtet.

Bodhi-Pfad: Der Weg zur Erleuchtung. Der Pfad eines Buddhisten, der sich der Suche nach Erleuchtung verpflichtet hat.

Bodhisattva (Sanskrit: „Erleuchtetes Wesen") 1. Ein Mensch, der sich ganz und gar dem Erlangen vollkommener Erleuchtung verschrieben hat. 2. Ein „Heiliger", der vor dem Tor zum Nirvana steht, aber den Entschluß faßt, im Kreislauf von Tod und Wiedergeburt zu verweilen, um alle Wesen zur Erleuchtung zu führen.

Bodhisattva-Gelübde: Die Verwandlung von einem gewöhnlichen Wesen zu einem „Erleuchteten Wesen" wird formell durch das aus tiefster Überzeugung abgelegte → *Bodhisattva*-Gelübde besiegelt, alle Lebewesen von Verblendung und Leiden zu erlösen.

Buddha (Sanskrit: „Der Erwachte"): Buddha Shakyamuni (ca. 463 – 383 v.u.Z.) ist der historische Buddha unserer Zeit, der das → *Dharma* auf Erden lehrte und dessen Lebensgeschichte das Denkmuster für die Möglichkeit der Erleuchtung liefert. Im absoluten Sinne gibt es nur einen Buddha, da die Wahrheitskörper verschiedener Buddhas sich nicht voneinander unterscheiden. Im relativen Sinn gibt es jedoch zahllose Buddhas, da jedes Wesen, das die Erleuchtung erlangt hat, sich seiner eigenen Seligkeit erfreut und seine Erscheinungsformen zum Wohle anderer Wesen ausstrahlt.

Buddha-Natur: Die allen Wesen innewohnende Natur. Im → *Mahayana*-Buddhismus ist Erleuchtung der Vorgang der Entfaltung dieser innewohnenden Natur.

Dharma (Sanskrit: „überbringend, bewahrend"): Eine der → *Drei Kostbarkeiten*, das Juwel der Lehren des Buddha, welche die Wahrheit überbringen oder bewahren.

Dharmakaya (Sanskrit: „Körper des Dharma, Körper der großen Leere"): Einer der drei Buddha-Körper (*Trikaya*). In der Erleuchtung weitet sich der Geist zu einer Erfahrung der Einheit mit der Unendlichkeit der Wesen und Dinge. Diese Erfahrung wird zu einem dauerhaften Gewahrsein, das Wahrheitskörper oder Körper der Wirklichkeit genannt wird. Die anderen beiden Körper sind *Sambhogakaya* (Seligkeitskörper) und *Nirmanakaya* (Ausstrahlungskörper).

Drei (Geistes-) *Gifte*: Gier, Zorn und Verblendung. Der Ursprung allen Irrglaubens und allen Leidens in dieser Welt.

Drei Kostbarkeiten: → *Buddha*, → *Dharma* und → *Sangha*. Buddha = der Meister oder Lehrer; Dharma = die Lehre und die Wirklichkeit der Freiheit, die sie lehrt; Sangha = die Gemeinschaft derer, die Lehre und Wirklichkeit erkennen – das sind die drei kostbarsten Dinge für einen Buddhisten, zu denen er Zuflucht nimmt.

Drei Reiche (Sanskrit: *Triloka*): Die verschiedenen Reiche, die → Samsara bilden. Der Daseinszyklus aller Wesen der → Sechs Reiche spielt sich innerhalb der *Drei Reiche* ab. Die Drei Reiche sind: das Reich der Begierde (*Kamadhatu*), das Reich der Form (*Rupadhatu*) und das Reich der Formlosigkeit (*Arupadhatu*).

Drei Siegel des Dharma: Die drei Haupteigenschaften des Lebens. 1. Vergänglichkeit; 2. die Verbundenheit aller Dinge und das damit einhergehende Nichtvorhandensein eines Selbst oder eines Wesenskerns; 3. → das *Nirvana*.

Edler Achtfacher Pfad: Der von → *Buddha* Shakyamuni gelehrte Pfad, der zur Erleuchtung führt. Dazu gehören richtige Sichtweise, richtiges Denken, richtige Rede, richtiges Handeln, richtige Lebenshaltung, richtiges Bemühen, richtige Besinnung und richtige Aufmerksamkeit.

Fan Chung-yen (989 – 1052): Ein Regierungsbeamter der Sung Dynastie, der in einem buddhistischen Kloster aufwuchs. Fan war ein großer Förderer des Buddhismus.

Fünf Gebote: Die fünf ethischen Gebote, die Grundlage des Buddhismus sind: Nicht Töten, nicht Stehlen, nicht Lügen, kein sexuelles Fehlverhalten, kein Gebrauch von Drogen oder Alkohol.

Fünf spirituelle Kräfte: Es sind dies die Kraft des Glaubens, des Handelns, des Vergegenwärtigens, der Sammlung und des mystischen Wissens.

Hölle: Das niederste Reich bewußter Existenz und der → *Sechs Reiche*. Es gibt viele Höllenreiche. In allen ist das Leiden so heftig, das wenig oder gar kein Fortschritt in Richtung Erleuchtung möglich ist.

Hsing Sze (? – 740): Ein bedeutender Schüler → von *Hui Neng*. Meister *Hsing Sze* trug maßgeblich dazu bei, daß Zen ein bedeutender Zweig des chinesischen Buddhismus wurde.

Hsuan Tsang (600 – 664): Einer von Chinas vier großen Übersetzern buddhistischer Sutras. *Hsuan Tsang* ist vor allem bekannt dadurch, daß er nach Indien reiste, um an buddhistische Sutras zu gelangen. Er war einer der Gründer der *Fa Hsiang*-Schule, der chinesischen Form des → *Yogachara*.

Hui Neng (638 – 713): Sechster Patriarch (Oberhaupt) des Chinesischen → *Zen*(Ch'an)-Buddhismus.

Hui Yuan (334 – 416): Schüler des → *Tao An* und erster Patriarch des → *Reines-Land-Buddhismus* in China.

Humanistischer Buddhismus: Buddhismus, dessen Schwerpunkt die Umsetzung des → *Dharma* im Leben unter Menschen ist.

Hungrige Geister: Das zweitniederste der → *Sechs Reiche* der Existenz. Wenn hungrige Geister essen oder trinken, verwandelt sich die Nahrung in ihrer Kehle in Feuer.

Inkarnation/Reinkarnation, re/inkarnieren: Wiedergeburt, Wiederverkörperung. Alle Lebewesen verbleiben so lange im Kreislauf von

Wiedergeburt und Tod (→ *Samsara*), bis sie Erleuchtung erlangt haben. Je nach → *karmischen* Verdiensten findet diese Wiedergeburt in einem höheren oder niedereren der → *Sechs Reiche* statt.

Kalpa (Sanskrit: „Weltenzyklus, Weltalter“): Ein ausgesprochen langer Zeitabschnitt; ein Äon.

Kamadhatu: → *Drei Reiche*

Karma, karmisch (Sanskrit: „Arbeit, Handlung“): Das universelle Gesetz von Ursache und Wirkung. Alle willentlichen Taten schaffen eine Wirkung. Die Wirkung einer Tat kann unmittelbar erfahren werden, aber unter Umständen auch erst nach vielen Jahren, oder sogar nach vielen Leben.

Konfuzius (chinesisch: *K‘ung Tzu*; 551 – 479 v.u.Z.) Chinesischer Moralphilosoph und Gründer des Konfuzianismus, der ethischen, weltanschaulichen und staatspolitischen Geisteshaltung Chinas und Ostasiens in der Zeit des 3. Jh.v.u.Z. bis zum Untergang der Ch‘ing-Dynastie im Jahre 1911.

Ksana: kleinste Einheit der Zeit

Kshitigarbha (Sanskrit: „Schoß der Erde“): Einer der großen Bodhisattvas des → *Mahayana*-Buddhismus. → *Bodhisattva Kshitigarbha* gelobte, solange in der Hölle zu verweilen, bis alle Wesen aus ihr befreit worden sind.

Kumarajiva (344 – 413): Geboren in Kucha, Zentralasien. Einer von Chinas großen Übersetzern buddhistischer Sutras. Kumarajivas

Übersetzungen sind von bemerkenswert fließendem Stil und auch heute noch sehr gefragt.

Leere, leer (Sanskrit: *shunyata*): Das Nichtvorhandensein jeglicher Essenz oder dauerhafter Erscheinungen. Alle Erscheinungen sind leer. Wird auch mit „durchsichtig" oder „offen" übersetzt.

Mahasthamaprapta: Einer der wichtigsten → *Bodhisattvas* in *Buddha* → *Amitabhas* Westlichem Reinen Land; Thema in einem der Kapitel des SHURANGAMA SUTRA.

Mahayana (Sanskrit: „Großes Fahrzeug"): Einer der drei Hauptzweige des Buddhismus (die anderen sind → *Theravada/Hinayana* und → *Vajrayana*). Der *Mahayana*-Buddhismus mißt dem Mitgefühl eine größere Bedeutung zu als der Enthaltsamkeit. Der Praktizierende strebt seine eigene Erleuchtung an, versucht aber gleichzeitig, alle anderen Wesen auf ihrem Weg dorthin zu unterstützen.

Maitreya (Sanskrit: „Der Sanftmütige"): *Maitreya* ist der Buddha der Zukunft. Er wird der fünfte und letzte weltliche Buddha sein.

Manjushri: (Sanskrit: „Der glorreiche Friedvolle"): Der → *Bodhisattva* der Weisheit.

Neun Fesseln der Vergänglichkeit: Sie binden uns an das → *Samsara*. Es sind: Liebe, Haß, Hochmut, Verblendung, falsche Sichtweisen, Gier, Zweifel, Neid, Geiz oder Selbstsucht

Nirvana (Sanskrit: „Vernichtung"): Die Vernichtung aller Ursachen, die zur Wiedergeburt führen. Der Zustand höchster Freiheit vom

Leiden, das höchste Ziel jeder buddhistischen Praxis. Nirvana bedeutet nicht vollständige Zerstörung, sondern eher eine andere Form der Existenz. Es ist für alle Wesen erreichbar, weil es sich um die endgültige Wirklichkeit ihres Zustands handelt.

Paramita (Sanskrit: „Das, was das andere Ufer erreicht hat"): Transzendente Weisheit. → *Sechs Paramitas*.

Parinirvana: Das große Nirvana des Buddha Shakyamuni. Sein Tod.

Prajna (Sanskrit: „Bewußtsein, Weisheit"): Die höchste Weisheit. Bewußtheit über die Leere aller Erscheinungen.

Pratyeka-Buddha (Sanskrit: „Alleine Erwachter"): Jemand, der ohne die Lehren eines Buddhas gehört zu haben, Erleuchtung erlangt.

Reines-Land-Buddhismus, auch: *Amidismus*: Lehre, in deren Zentrum Buddha → *Amitabha* steht.

Rupadhatu: → *Drei Reiche*

Ryokan (1758 – 1831): Ein berühmter japanischer Mönch der Soto-Schule des → *Zen*-Buddhismus, bekannt für seine wunderschöne Dichtkunst.

Saha-Welt (Sanskrit: *saha-lokadhatu*, „Beständige-Welt"): Diese Welt des Irrglaubens, die Welt, in der → *Buddha Shakyamuni* predigte.

Sakadagami: → *Vier Früchte*

Samadhi (Sanskrit: „errichten, festigen"): Ein wichtiges Sanskrit-Wort für die Meditationspraxis und ihre Ergebnisse. Gewöhnlich als „Eingerichtetheit des Geistes" erklärt, kann es sich auch auf schöpferische Zustände nach der Erleuchtung beziehen, Konzentrationen des Geistes, die besondere Strahlen hervorbringen.

Samantabhadra (Sanskrit: „Der Alles-Durchdringend-Gütige"): Einer der großen → *Bodhisattvas* des → *Mahayana*-Buddhismus; einer der vier meistverehrten *Bodhisattvas* der Chinesischen Tradition.

Samsara, samsarisch (Sanskrit: „Weltentreiben"): Irrglauben, der den Geist im Kreislauf von Tod und Wiedergeburt gefangenhält. Auch schlicht als Kreislauf von Tod und Wiedergeburt zu verstehen.

Sangha (Sanskrit: „Ansammlung"): Die buddhistische Gemeinschaft. Alle Anhänger des Buddhismus. Im Chinesischen bezieht sich *Sangha* meist nur auf buddhistische Nonnen und Mönche.

Saravajna: Vollkommene Weisheit

Sechs Klesha: Die sechs Verunreinigungen des Geistes: Gier, Wut, Verblendung, Hochmut, Zweifel und falsche Sichtweisen.

Sechs Paramitas: Die sechs „Unfehlbarkeiten" oder Tugenden eines erleuchteten Wesens: Großmut, das Einhalten der Gebote, Gleichmut, energetischer Fortschritt, Meditation und Weisheit.

Sechs Reiche: Die verschiedenen Daseinsformen, in denen sich die Wiedergeburt vollzieht. Sie reichen von den niederen Reichen der Hölle, der hungrigen Geister und der Tiere zu den höheren Reichen der Menschen, der Titanen und der Götter.

Sechs Sinne: Die fünf Sinne – Sehen, Riechen, Hören, Schmecken, Berühren – sowie die kognitiven Prozesse, die diese Sinne koordinieren.

Sechster Patriarch: → *Hui Neng*

Shakyamuni (Sanskrit: „Weiser der Shakyas"): Beiname von → *Buddha*

Shariputra: Einer der engsten Schüler von → *Buddha Shakyamuni*, bekannt geworden durch seine Weisheit und seine Lernfähigkeit.

Shravaka (Sanskrit: „Einer, der gehört hat"): Alle persönlichen Schüler Buddhas

Shrotapanna: → *Vier Früchte*

Siddhanta (Sanskrit: „Der Lehre gemäße Sichtweise"): Im MAHAPRAJNAPARAMITA SHASTRA bezeichnen die → *Vier Siddhantas* die vier Ebenen der Lehre Buddhas.

Siebenunddreißig Bedingungen, die zur Buddhaschaft führen: Die in den AGAMAS enthaltenen siebenunddreißig Grundbedingungen, welche die Erleuchtung begünstigen.

Skandha (Sanskrit: „Aggregat, Haufen, Ansammlung"): Die fünf *Skandhas*, die die normale Körper-Geist-Erscheinung eines gewöhnlichen Wesens ausmachen sind: Form (Materie), Gefühle, Wahrnehmung, Willensregungen und Bewußtsein. Sie werden Aggregate genannt, um auf das Fehlen einer festgelegten Struktur hinzuweisen, eben auf die Tatsache, daß es sich um eine lockere Ansammlung von Dingen in den jeweiligen Bereichen handelt.

Subhuti: Einer der engen Schüler → *Buddhas*.

Sutra (Sanskrit: „Leitfaden"): Lehrbücher, die den Inhalt der → Vedas in kurzen Regeln zusammenfassen.

Su Tung-p'o (1036 – 1101): Einer der größten Dichter Chinas, er war auch ein gläubiger Buddhist.

T'ai Hsu (1899 – 1947): Ein moderner Reformator des Chinesischen Buddhismus und der erste Befürworter des modernen → *humanistischen* Buddhismus.

T'ai: Ein berühmter Berg in der Provinz Shandong, China

T'ang-Dynastie (618 – 905): Bis zur Unterdrückung des Buddhismus durch den chinesischen Kaiser im Jahr 845 erlebte der Buddhismus während der *T'ang-Dynastie* seine größte Ära.

Tao An (312 – 385): Einer der größten buddhistischen Prediger Chinas, berühmt durch sein hervorragendes Talent, über das → *Dharma* zu sprechen.

Tathagata (Sanskrit: „Der vom So-Sein Kommende"): Einer der zehn Namen → *Buddhas* und Zustand der Vollendung

Tathagatagarbha (Sanskrit: „Mutterleib des Tathagata“): Alles, was → *Tathagata* in sich birgt, d.h. alle Lebewesen. Eine Entsprechung für „Buddha-Natur“.

Theravada (auch: *Hinayana*, „kleines Fahrzeug“): Einer der beiden großen Zweige des Buddhismus (der andere ist → *Mahayana*). Im *Theravada*-Buddhismus stellt der Praktizierende die eigene Erleuchtung über alles andere.

Trividya (Sanskrit: „Drei Einsichten“): Die drei Einsichten, daß alle Erscheinungen vergänglich, freudlos und bar jeder Essenz sind.

Upaya (Sanskrit: „Geschickte Mittel“): Die von einem → *Buddha* oder → *Bodhisattva* angewandten Vorgehensweisen und Mittel, mit denen er andere zur Erleuchtung führt.

Vajrayana (Sanskrit: Diamant-Fahrzeug): Weg des tibetischen (= tantrischen) Buddhismus. Der Praktizierende strebt zwar seine eigene Erleuchtung an, verpflichtet sich aber, erst ins Nirvana einzugehen, wenn alle Lebewesen aus dem → *Samsara* erlöst sind.

Veda, vedisch: Heilige Schriften des Buddhismus und Hinduismus, entstanden zw. 2000 – 1500 v.u.Z.

Vier Edle Wahrheiten: Die grundlegenden Wahrheiten des Buddhismus: 1. Alles von Irrglauben getriebene Leben ist Leiden (*Duhkha*). 2. Die Ursachen für dieses Leiden sind falsche Wahrnehmung und Evolution (*Samudaya*). 3. Es gibt eine Befreiung von diesen Leiden (*Nirodha*). 4. Der Pfad, der zu dieser Freiheit von Leiden führt, besteht aus der Entwicklung von Ethik, Meditation und Weisheit (*Marga*).

Vier Früchte: Die vier Stufen spiritueller Errungenschaft in der → *Theravada*-Tradition: 'Der-in-den-Strom-Eingetretene' *(Shrotapanna)*, 'Der Einmal-Zurückkehrende' *(Sakadagami)*, 'Der Nichtmehr-Zurückkehrende' *(Anagami)*, 'Der Ehrwürdige' *(Arhat)*.

Vier Gelübde: Die vier universellen Gelübde eines Buddha oder → *Bodhisattva*: 1. ausnahmslos alle Wesen vom Leiden erlösen, 2. alle Begierden und alle Verblendung beenden, 3. alle Vorgehensweisen erlernen, die dies ermöglichen, 4. Vollkommenheit im → *Dharma* erlangen.

Vier Unermeßliche Geisteszustände (Sanskrit: *Chatvari Apramanani)*: Vier grenzenlose Aspekte des Buddha-Geistes: grenzenlose Güte *(Maitri)*, grenzenloses Mitgefühl *(Karuna)*, grenzenlose Freude *(Mudita)*, grenzenloser Gleichmut *(Upeksa)*.

Yin Kuang (1862 – 1940): Dreizehnter Patriarch des → *Reines-Land-Buddhismus*.

Yogachara (Sanskrit: „Anwendung des Yoga"): Eine Form des → *Mahayana*-Buddhismus, deren zentraler Gedanke ist, daß alles Erkennbare nur durch den Geist erkannt werden kann und deshalb alles „nur Geist" ist.

Zehn Anusaya: Die zehn Schwierigkeiten, die dem Geist zu schaffen machen: Gier, Wut, Hochmut, Verblendung, Zweifel, Identifizierung mit dem Körper, Verneinung von Glaubenssätzen oder der Glaube an Unveränderlichkeit, Unglaube gegenüber den Gesetzen des → *Karma*, Selbstgerechtigkeit und übertriebene Enthaltsamkeit

Zen (Sanskrit: *Dhyana* = „Meditation“; chinesisch: *Ch'an*): Eine der wichtigsten der Schulen des chinesischen Buddhismus. Im *Zen*-Buddhismus sucht der Praktizierende Erleuchtung durch Meditation, die hauptsächlich in der Ausübung von immer gleichen Ritualen geübt wird.

Zweiunddreißig Verdienste durch das Hören des Dharma: → S. 90 – 92

Zweiundfünfzig Stufen des Bodhi-Pfads: Eine im AVATAMSAKA SUTRA dargelegte ausführliche Analyse der Stufen, die vom gewöhnlichen Bewußtsein zur vollendeten Erleuchtung eines Buddhas führen.

Zwölf Nidanas (Sanskrit: „Bindeglieder“): Die zwölf in abhängiger Beziehung stehenden Glieder der Kette bedingter Ereignisse: Verblendung, Anregung, Bewußtsein, Benennung und Form, die sechs Sinne, Berührung, Empfindung, Begierde, Verstrickung, Existenz, Geburt, Tod.

Das Glossar wurde durch die Übersetzerin und den Verlag gegenüber der englischsprachigen Vorlage sinnvoll ergänzt, um den Weg zu ebnen für einen Einstieg in die Lehren des Buddhismus, bei dem möglichst wenige Fragen offenbleiben.

Quellen der Übersetzerin

Experten: Gen Kelsang Nyima, Mamaki-Zentrum für Mahayana-Buddhismus, Freiburg
Elmar Stapelfeld, Indologe und Sanskrit-Experte, Hamburg

Literatur: Tatjana & Mirabai Blau: Buddhistische Symbole. Darmstadt 1999
Robert F. Thurman: Das Tibetische Totenbuch.

Quellen

Die im Text zitierten Sutras

Die im Text erwähnten Sutras sind hier in alphabetischer Reihenfolge aufgeführt, gefolgt von ihrer Bezeichnung in den chinesischen buddhistischen Schriften.

ABHANDLUNG ÜBER DAS ERWACHEN DES GLAUBENS IN DAS MAHAYANA *(Ta Ch'eng Ch'i Hsin Lun)*

ABHIDHARMA SAMGITI PARYAYAPADA *(A Pi Ta Mo Chi Yi Men Tsu Lun)*

ABHIDHARMAKOSHA *(Chü She Lun)*

ABHINISKRAMANA SUTRA *(Fo Pen Hsing Chi Ching)*

ACHT ERKENNTNISSE DES BODHISATTVA SUTRA *(Pa Ta Jen Chüeh Ching)*

ADBHUTADHARMA SUTRA *(Fo Shuo Wei Ts'eng Yu Yin Yüan Ching)*

AVADANAS *(Ch'u Yao Ching)*

AVATAMSAKA SUTRA *(Ta Fang Kuang Fo Hua Yen Ching)*

BEHERRSCHUNG DES KÖRPERS SUTRA *(Fo Chih Shen Ching)*

BODHISATTVA GOCHAROPAYA VISAYA VIKURVANA NIRDESHA SUTRA *(Sa Che Ni Chien Tzu Ching)*

BODHISATTVA OHNE BESITZTUM SUTRA *(P'u Sa Wu Suo Yu Ching)*

BODHISATTVABHUMI SHASTRA *(P'u Sa Ti Ch'ih Lun)*

BRAHMAJALA SUTRA *(Fan Wang Ching)*

BUDDHAS MEDIZIN SUTRA *(Fo Yi Ching)*

CHU FA CHI YAO SUTRA *(Chu Fa Chi Yao Sutra)*

DHARMAGUPTA VINAYA *(Szu Fen Lü)*

DHARMAPADA *(Fa Chü Ching)*

DHARMAPADAVADANA *(Fa Chü P'i Yü Ching)*

DIAMANT-SUTRA *(Vajracchedika Prajnaparamita Sutra; Chin Kang Ching)*

DIRGHA AGAMA *(Ch'ang Ah Han Ching)*
EINFÜHRUNG IN DIE EBENEN DES DHARMA-REICHES *(Fa Chieh Ts'e Ti Ch'u Men)*
EKOTTARIKA AGAMA *(Tseng Yi Ah Han Ching)*
FAYUAN CHULIN *(Fa Yüan Chu Lin)*
FO SHUO PEI SUTRA *(Fo Shuo Pei Ching)*
FRAGEN DES GELIEBTEN MÄDCHENS SUTRA *(Pao Nü Suo Wen Ching)*
GEDANKEN ÜBER DEN URSPRUNG DES GEISTES SUTRA *(Ta Ch'eng Pen Sheng Hsin Ti Kuan Ching)*
GLEICHMUT DES RAHULA SUTRA *(Luo Yün Jen Ju Ching)*
GROßE SAMMLUNG DER WAHREN DHARMAS SUTRA *(Ta Chi Hui Cheng Fa Ching)*
JATAKANIDHANA *(Fo Shuo Sheng Ching)*
KARMAVIBHANGA SUTRA *(Yeh Pao Ch'a Pieh Ching)*
KUSHALAMULA SAMGRAHA SUTRA *(Hua Shou Ching)*
LANKAVATARA SUTRA *(Leng Ch'ieh Ching)*
LOTUS-SUTRA *(Saddharmapundarika Sutra; Fa Hua Ching)*
LUNG SHU'S ERWEITERTE ABHANDLUNG ÜBER DAS REINE LAND *(Lung Shu Tseng Kuang Ching T'u Wen)*
MAHAPARINIRVANA SUTRA *(Ta Po Nieh P'an Ching)*
MAHAPRAJNAPARAMITA SHASTRA *(Ta Chih Tu Lun)*
MAHAPRAJNAPARAMITA SUTRA *(Ta Chih Tu Ching)*
MAHARATNAKUTA *(Ta Pao Chi Ching)*
MAHASAMNIPATA *(Ta Chi Ching)*
MAHASANGHIKA VINAYA *(Mo Ho Seng Ch'i Lü)*
MAHAYANA SAMPARIGRAHA SHASTRA *(She Ta Ch'eng Lun)*
MAHAYANA SUTRALAMKARA SHASTRA *(Ta Chuang Yen Ching Lun)*
MEDITATION ÜBER DIE DREI BETRACHTUNGEN SUTRA *(Tsuo Ch'an San Kuan Ching)*
PARINIRVANA SUTRA *(Fo Po Ni Huan Ching)*

Prachtvolles Leben des Prinzen Sutra *(Tai Tzu Jui Ying Pen Ch'i Ching)*
Regen der Kostbarkeiten Sutra *(Pao Yü Ching)*
Saddharma Smriti Upasthana Sutra *(Cheng Fa Nien Ch'u Ching)*
Samantabhadrotsahana Parivarta Sutra *(Kuan P'u HsienP'u Sa Hsing Fa Ching)*
Sammlung der Dharmas Sutra *(Fa Chi Ching)*
Samyukta Agama *(Tsa Ah Han Ching)*
Satyasiddhi Shastra *(Ch'eng Shih Lun)*
Sechs Paramitas Sutra *(Liu P'o Luo Mi Ching)*
Shurangama Sutra *(Leng Yen Ching)*
Sigalovada Sutra *(Shan Sheng Ching)*
Sukhavativyuha Sutra *(Wu Liang Shou Ching)*
Surataparipraccha Sutra *(Hsü Lai Ching)*
Sutra hinsichtlich der Vier Arten, Sich Selbst zu Schaden *(Szu Tzu Ch'in Ching)*
Sutra der Einhundert Parabeln *(Pai Yü Ching)*
Sutra der Kanzel des Sechsten Patriarchen *(Liu Tsu T'an Ching)*
Sutra der Überlieferten Lehren *(Fo Yi Chiao Ching)*
Sutra der Unterscheidung Zwischen den Ursprüngen von Gut und Böse *(Fen Pieh Shan E Suo Ch'i Ching)*
Sutra in Zweiundvierzig Abschnitten *(Szu Shih Erh Chang Ching)*
Sutra über das Barmherzige Upaya des Buddha *(Ta Fang Pien Fo Pao En Ching)*
Sutra über die Gebote der Sechs Paramitas *(Ta Ch'eng Li Ch'ü Liu P'o Luo Mi Ching)*
T'sai Ken T'an
Unterweisungen Bezüglich des Königlichen Samadhi der Kontemplation von Buddha *(Pao Wang San Mei Nien Fo Chih Chih)*
Upasakashila Sutra *(Yu P'o Se Chieh Ching)*

Vijnaptimatratasiddhi Shastra *(Ch'eng Wei Shih Lun)*
Vimalakirti Nirdesha Sutra *(Wei Mo Ching)*
Vinaya in Fünf Abschnitten (Wu Fen Lü)
Yogacharabhumi Shastra *(Yü Ch'ieh Shih Ti Lun)*

Tatjana & Mirabai Blau

Buddhistische Symbole

Die Weltanschauung des tibetischen Buddhismus erläutert anhand von über 100 Symbolen

DM 29,80/öS 218,–/sFr 28,50

ISBN 3-930944-64-2

Der Buddhismus hat durch den Werteverfall in den westlichen Zivilisationen über sein ursprüngliches Verbreitungsgebiet hinaus eine immer größere Anhängerschaft gefunden. Ein Grund dafür ist mit Sicherheit, daß er von seinen Anhängern nicht den Glauben an einen bestimmten Gott erwartet, sondern den Schwerpunkt darauf legt, daß der einzelne zur Erleuchtung gelangt und zwar mittels eines übergreifenden Wertesystems und praktisch umsetzbarer Anweisung zur Gestaltung des Lebens. Hier vorgestellt finden Sie nun über 100 Symbole, vorwiegend aus dem tibetischen Buddhismus, die zentrale Aussagen der mit dieser Religion verbundenen Weltanschauung erfassen und verständlich darstellen.

„*... ein nützlicher Reisebegleiter für Asienreisende und hilfreich zur ersten Orientierung...*“
Zeitschrift Chökor, 10/99

Christine M. Bradler &
Joachim Alfred P. Scheiner

Feng Shui Symbole des Ostens

DM 19,80/öS 145,–/sFr 19,–

ISBN 3-930944-87-1

Christine M. Bradler &
Joachim Alfred P. Scheiner

Feng Shui Symbole des Westens

DM 19,80/öS 145,–/sFr 19,–

ISBN 3-930944-90-1

Wegweiser und Entscheidungshilfen zur Symbolik von jeweils über 60 „klassischen“ (Osten) und „modernen“ (Westen) Feng Shui-Hilfsmitteln

Feng Shui erfordert den optimalen Einsatz vielfältiger Hilfsmittel, die über ihre Symbolik alle eine wirkungsvolle Kraft tragen. Um diese entfalten zu können, benötigen sie den „richtigen“ Platz. Dazu gilt es sich dieser Kraft bewußt zu werden und sie dann entsprechend der Regeln des Feng Shui gezielt einzusetzen. Die dafür erforderlichen Kenntnisse vermitteln, alphabetisch sortiert, FENG SHUI SYMBOLE DES OSTENS und FENG SHUI SYMBOLE DES WESTENS.

Paul Ferrini

Dem Glück auf der Spur

Das Glück des Augenblicks
liegt in deiner Hand

DM 19,80/öS 145,–/sFr 19,–

ISBN 3-930944-67-7

Wenn wir aufhören, in unserem Leben nach Fehlern zu suchen, können wir es erfüllter erleben. Wir stellen fest: Nichts fehlt, nichts ist verbesserungsbedürftig, nichts kaputt. Es ist vollkommen, so wie es ist.

Paul Ferrini

Leben in Hingabe

Wie man sein Herz öffnet
und darin wohnen bleibt

DM 19,80/öS 145,–/sFr 19,–

ISBN 3-930944-92-8

Programmiert auf Glück? Hier finden Sie praktische Hinweise darauf, wie das gelingt. Sie bekommen gezeigt, wie die Gedanken arbeiten und mit ihnen so umzugehen, daß sie Sie dabei unterstützen, das Glück in sich selbst zu finden.

Paul Ferrini

Zusammen Wachsen

Schritte zum liebevollen Miteinander

DM 19,80/öS 145,–/sFr 19,–

ISBN 3-930944-82-0

Eine knappe aber tiefgehende Zusammenstellung von Regeln für eine faire Partnerschaft, die Ihnen das Werkzeug an die Hand liefert, mit dem Sie Ihre Beziehungen überprüfen und, wo nötig, an Ihre Bedürfnisse anpassen können.

Stimmen zu Paul Ferrinis Werk:

„Die wichtigsten Bücher, die ich gelesen habe. Ich studiere sie wie eine Bibel."
Elisabeth Kübler-Ross

„Diese Worte verkörpern Verständnis, Allgemeingültigkeit, Liebe und Mitgefühl, die Kennzeichen aller großen Lehren."
Larry Dossey M.D., Autor von WAHRE GESUNDHEIT FINDEN

„Paul Ferrinis Schriften sind authentisch, erfreulich und weise. Sie stellen die Verbindung des Lesers zu dem Geist im Inneren wieder her."
Joan Borysenko Ph.D., u.a. Autorin von EIN WUNDER TÄGLICH

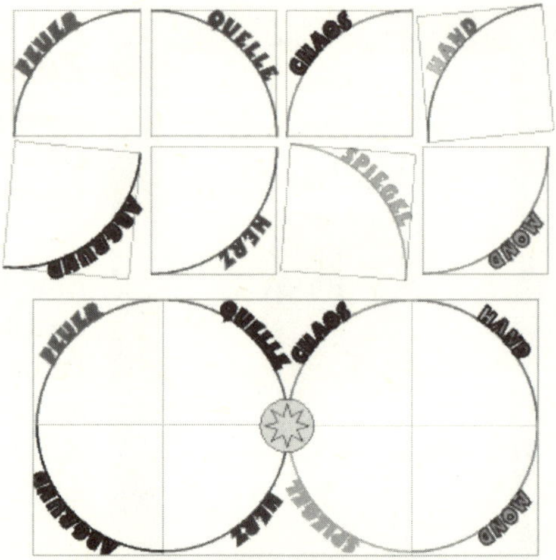

Dietmar Specken

Kleine Schritte zur Freude

Ein Spiel zur Achtsamkeit und Selbsterkenntnis

25 farbige Karten & Anleitungsheft

DM/sFr 24,80/öS 186,–

ISBN 3-930944-49-9

Dieses Spiel, das sich alleine oder zu zweit spielen läßt, wurde entwikkelt, um den Spielenden auf dem Weg zur Selbstfindung und Achtsamkeit zu begleiten. Archetypische Bilder und Symbole, die den Worten auf den Karten zugrundeliegen, sind geeignet, den Spielenden an Erlebnisse, Erfahrungen und verborgenes Wissen zu erinnern. Die liegende Acht ist das immer wiederkehrende Symbol dieses Spiels, mit ihrer Hilfe kann die Achtsamkeit des Spielenden so gelenkt werden, daß er Antworten zu einem Thema findet, das ihm am Herzen liegt.